イマニュエル・ウォーラーステイン
ポール・ブローデル他

浜名優美監修　尾河直哉訳

入門・ブローデル

藤原書店

入門・ブローデル　目次

入門・ブローデル

凡例

一　本書は *Primeras Jornadas Brandelianas*, Cuadernos Secuencia, 1993 の全訳である。
一　著作および雑誌は『　』で、論文は「　」で示し、引用文は「　」で示した。
一　原文でイタリック体の部分は〈　〉で示した。
一　原文で " " の部分は「　」で示した。
一　原注は（　）つきのアラビア数字で示し、各論文の末尾に配した。
一　訳注および訳者による補足は〔　〕で示し、本文中に配した。
一　すでに邦訳のある文献の引用に際しては原則として邦訳を使用した。
一　人物に関する訳注は巻末にまとめ五十音順に配列した。

序

一九九一年十月七日から十一日にかけて、第一回国際ブローデル学会がメキシコシティーで開かれた。イタリア、エクアドル、北アメリカ、フランス、メキシコから歴史家と社会科学者が集い、フランスの偉大な歴史家フェルナン・ブローデルの理論的、歴史学的遺産のうち最も重要な側面にさまざまな視点から分析を加え、ブローデルがもたらした貢献と彼の著作にオマージュが捧げられた。

なぜメキシコで国際的なオマージュがフェルナン・ブローデルに捧げられたのだろうか？　このことを少し考えてみたい。ブローデルの著作は、七〇年代からほぼ全世界で

「ポピュラー」になり普及した。いまではロシアでも、グアテマラでも、中国でも、トルコでも主要著作が翻訳されており、熱心な読者がその主要なテーゼを読み返し、議論し、広めている。

たしかにブローデル個人から見れば、人生の終わりにさしかかって、遅ればせながらも普及と「称賛」がやってきたことは幸運だった。しかし、こうした普及と称賛にもかかわらず、私たちがブローデルの著作に込められた複雑な要素のすべてを最後まで汲み尽くし、吸収し尽しえたなどとはいささかも考えるべきでなかろう。

私たちはこうした発想を、発表者全体の公分母、あるいは共通する精神として、本書に結実する諸研究——これに基づいて数日間さまざまな発表がなされ、複雑なブローデル宇宙のさまざまな側面や要素を明確にし豊かにすることができた——のうちに見出すことができる。ブローデルの構想はいまだ深化、派生、発展の可能性を秘めた広大な領土だと言ってよいのである。

参加者は、会の全体プログラムにしたがって設定された諸テーマに取り組みながら、この偉大なフランスの歴史家の思想を適切に位置づけるため、いくつかきわめて重大な問題にアプローチを試み、議論を重ねた。曰く、歴史のブローデル的概念というか歴史的問題に取り組むさいのブローデル的方法が厳密に言って存在するのか？　フェルナン・ブローデルの「最も重要」で「革命的」な著作は『フェリペ二世時代の地中海と地中海世界』〔『地中海』、浜名優美訳、藤原書店、一九九一―一九九五年〕か、それとも『物質文明・経済・資本主義』〔村上光彦・山本淳一訳、みすず書房、一九八五―一九九九年〕か？　いずれにせよ、両著作の間にいかなる理論上の有機的連関があるのか？　また、両著作はいかなる貢献の可能性を秘めているのか？　ブローデルの資本主義理論の独創性は奈辺にあるのか？　ブローデルの資本主義理論とカール・マルクスの資本主義理論の間にはどんな架け橋、どんな対比が可能なのか？　現代資本主義と世界の現況を分析するさい、私たちはブローデルの教えから何を引き出し、何を戒めとすべきか？　そして最後に、フェルナン・ブローデルの豊かな知的遍歴において何が一貫して変わらず、どこが主たる逗留地だったのか？　歴史家としての彼のヴィジョンはどのようにして形成され、「ブローデル以前の」ブローデル、すなわち一九四九年に『フェリペ二世時代の地中海と地中海世界』を世に問う以前のブローデルの、理論的・知的発展はいかなるものだったのか？

会の参加者たちは、こうした問いと疑問点の中から取り組むべきものを選び、それぞれ独自の視点から、いかなる答えがありうるか明らかにしようと努めた。ブローデルはつねづねいかなる研究結果にも最終的な答えはないと言っていたが、これらの答えにしても同じことで、私たちは、こうして提起された問題点にかんする議論なり解釈なりをここで終えるつもりはない。いやむしろ、今後、批判的な研究と研究の絶え間ない深化の歩みを継続させたいとさえ考えている。

一九八五年十月、亡くなる一月前にシャトーヴァロンで開かれた討論会で、あなたの著作と教育はきちんと理解されたかと尋ねられたブローデルは、半ば真面目に、半ば冗談めかして、生涯にいちどとして理解されたためしがないと答えている。加えて、あなたが切り開いた研究方針をきちんと踏襲できた弟子や人物は多いと思うかという質問には、知的な世界においては自分が「とても孤独な」人間だったと述べている。

ところが奇妙なことに、フランスやヨーロッパを初めとする世界中の作家・歴史家の多くは自ら著作で、長期持続の視点、経済＝世界の理論、物質文明的現実、歴史地理学的現実といった、語の厳密な意味でブローデルのオリジナルな概念や理論をしじゅう口にし、援用している。

似ても似つかない、お互いにまるで疎遠な作家たちによって始終、至る所で引き合いに出されることからしても、また、ブローデル自身がいわゆる信奉者や弟子たちのこととなると口をつぐんでしまうことからしても、彼の思想の密度と豊かさが推察できるが、この密度と豊かさゆえに、われわれは、第一回国際ブローデル学会の底を流れる「全般的精神」でもある理論的挑戦を引き受けなければならない。つまり、ブローデルを読むだけでなく「研究する」こと。『地中海』と『フランスのアイデンティティ』を研究するだけでなく、著作「全体」を研究すること。著作全体から問題を設定し、過去の大きな史的プロセスと私たちが今生きている社会の複雑なプロセスを説明する道具として彼の著作を批判的に組み込むことができるようにすること。その必要がある。

フェルナン・ブローデルが好んで語っていたように、社会科学は「たったひとつの経験に合流」できたときにはじめて、現実の批判的な解釈という仕事に耐えられるようになる。したがって、今の時代に耐えうる学問水準に達しようとするかぎり、いかなる社会科学も、人類学、歴史学、経済学、社会学、地理学など今日自律的になった分野のさまざまな著者によって練り上げられ、二十世紀の社会思想の発展に寄与してきた主要な理論的著作を理解・吸収しなければならない。

そして、こうした観点からすると、フェルナン・ブローデルのペン先から産み落とされた著作は、社会科学という学問領域において二十世紀が私たちに贈ってくれた偉大な仕事全体にあっても、最も深く、最も優れた仕事なのである。

カルロス・アントーニオ・アギーレ・ロハス

1　長期持続と全体史
――フェルナン・ブローデルの著作の規模と射程――

カルロス・アントーニオ・アギーレ・ロハス

畏友ジョルジュ・ギュルヴィッチは［……］私が哲学者だと［……］、いや、理論家だとすら主張していました［……］。しかし私は、ギュルヴィッチの言うように理論のレベル、「哲学」のレベルに達すべく強いられたことも、じっさいに達したこともありません［……］［とはいえ］歴史学とはひとつの復元作業です。そして、何かを復元するさいには、全体プラン、いくつかの概念、いくつかの仮説を持つ必要があります。

フェルナン・ブローデル、「結論に代えて」、一九七八年
(Braudel, "Conclusión", 1978)

われわれの見るところ、フェルナン・ブローデルは二十世紀を通じて最も偉大な歴史家でした。そしてブローデルのぬきんでたスケールの大きさにはまた、彼の著作のアウトライン、理論上、方法論上、歴史記述上の貢献の総体、〈歴史のブローデル的概念〉とも言うべき複雑な枠組みの全体も絡んでいます。というのも、歴史にかんするあれこれの哲学をしばしば明らかに黙して語ろうとしなかったとしても、また、人がアプリオリに受け入れ継承しているさまざまな説明モデルを拒否したとしても、[1] フェルナン・ブローデルが生涯をかけて構築し続けたものが、それを越えて、人間の歴史のさまざまな、そしてきわめて包括的なプロセスの解釈と説明をめぐる、全体的で、一貫し、かつ明瞭な概念であったことは間違いないからです。

古文書館の内外で実際に膨大な量の仕事をこなし、繰り返し検討を経た具体的な事実を整理し目録にした後でなければその概念化・理論的一般化は行なわないという独自の

方法を取るブローデル。そのブローデルが練り上げたものは、にもかかわらず、歴史のさまざまなプロセスや現象の説明にじゅうぶん供することのできる〈全体概念〉でした。すなわち、さまざまな社会とその機能形態にかんする〈一般〉理論も、また、さまざまな歴史的問題に新たなアプローチを試みるための独特な方法論上の鍵も含む、歴史解釈システムの全体であり、ブローデルが該博な知識と強い忍耐力によってさまざまな理論的企てや構想を具体的に準備・実現してゆくさいの出発点となる全体的な理論的地平であるとともに、「経済」の規模および歴史上に現れたさまざまな「経済＝世界」で経済が組織されるそのメカニズム一般にかんする普遍的なヴィジョンだったのです。

その結果、ブローデルの著作は、分析された多様な歴史現象にかんする新たな理論と新たな概念をひとつの全体にまとめあげた、まぎれもない記念碑的な著作になりました。しかもこれらの理論や概念は、ブローデルがアプローチを試みていない歴史上の他の場所、他の時代にも適用可能であるばかりか、すでに述べたブローデル的全体システムあるいは全体概念の基礎となる足場にもなっているのです。(2)

では、この壮大なブローデル史観にどうアプローチしたらよいのか。その核心部分、その複雑な枠組みにどう切り込んだらよいのか。こうした問いに答えるため、私は四つの可能なアプローチを提案したいと思います。フェルナン・ブローデルの壮大な著作に接近するための四つの方法です。これら四つの方法がひとつにまとまれば、豊かな知的遍歴を辿るなかでブローデルが産み出してきた成果の独特な輪郭と具体的な射程を描き出すことができるのではないか。私はそう考えております。

それでは、これら四つの入り口をくぐって、フェルナン・ブローデルの著作が彩なす複雑な宇宙を垣間見ることにしましょう。

長期持続とは何か

持続のこの重層性こそ、フランス歴史学が、歴史の認識論にもたらした最も特筆すべき貢献のひとつである［……］。

ポール・リクール、『時間と物語』、一九八三年、第一巻（Ricœur, *Temps et Récit*, 1983）〔『時間と物語Ⅰ』、久米博訳、新曜社、一九八七年〕

歴史のブローデル的概念に通じる最初の入り口に入れるのは、ブローデルによって練り上げられた「新しい方法論的な鍵」、すなわち歴史における異なる時間性の理論、とりわけ長期持続理論が認識できたときです。[3] フェルナン・ブローデルの〈おもな〉方法論的寄与となったこの理論もしくは提案は、ブローデル・システムのあらゆる扉を開けるマスターキーであると同時に、彼のさまざまな歴史的ヴィジョンの独創性をよく説明してくれるばかりか、彼がフランスのアカデミズムにいかなる波紋を投げかけたのか、理論上、歴史記述上いかなる寄与をなし得たのか、個人的に、さらには政治的にどんな位置を占めていたのか、また、彼がその他に行なったさまざまな知的表現は一般にいかなるものだったのか、こうしたことをすべて理解させてくれる「導きの糸」でもあります。

歴史科学のみならず、今日の社会科学、人文科学の全体においてこの理論がいかに重要な役割をはたすか、と同時に、この新しい方法的な鍵をありうる〈すべての〉史的現象の分析に当てはめたとき、いかに深甚かつ革命的な事態が引き起こされるか、それについてもブローデル自身きわめて意識的でした。ブローデルは明確にこう断言しています。

歴史のさまざまな時間のうちで、長期持続は、このように厄介で複雑で、多くの場合全く目新しい登場人物として現れる。それが歴史家というわれわれの職分の核心部に入るのを許すことは、研究と好奇心を拡大するといういつでもやっている単純な作業ではないはずである。また、歴史家が唯一の受益者となるような選択の問題でもないだろう。歴史家にとって、長期持続を受け入れることは、スタイル・姿勢の変化、思考の転換、社会的現実《ル・ソシアル》についての新たな発想法を受け入れることを意味する。[……]とにかく、ゆるやかな歴史のこうしたさまざまな層に関連させてこそ、歴史の全体性は下部構造をもとにして再考されうる。歴史のあらゆる段階、無数の段階、無数の炸裂は、この深み、この準不動性から出発してこそ、理解される。いっさいがそのまわりを回っているからである。(4)

このように、フェルナン・ブローデルにとってすべては緩慢な歴史すなわち長期持続の歴史の周りを回っています。そしてこの長期持続を受け入れ、適用することが歴史学と社会科学全体の革命を意味するのなら、これを発見したときから——それは、彼自身いくどとなく言明しているとおり、『フェリペ二世時代の地中海と地中海世界』(『地中海』全五巻、浜名優美訳、藤原書店、一九九一—一九九五年〔藤原セレクション、全十巻、一九九九年〕)の執筆過程であって、それ以前ではありません(5)——、ブローデルが長期持続の「弁護人」兼プロモーターになり、以後の研究プラン全体をこれに捧げたことにはなんの不思議もありません。というのも、ブローデルのあらゆる著書とエッセイは、ブローデル色が強いものであればとりわけ、〈史的長期持続の観点〉から書かれ、展開されており、緩慢な歴史と長期持続という方法論的な鍵を理解せずして、ブローデルのメッセージを完全に理解することはできないからです。

長期持続が何であり、何を意味するのかを〈形式的に述べる〉のはさほど難しいことでも複雑なことでもありません。ところが、これを本当の意味できちんと〈把握〉するとなると〈きわめて困難〉になります。人間の歴史のプロセスに紛れて存在する長期持続の真の構造を捉え、暴き出し、それだけをくっきりと浮かび上がらせる並外れた能力をじっさいに伸ばそうとすると、話はとたんにやっかいになるのです。ブローデルのテーゼが頻繁に誤解や単純化の犠牲になるのも、また、ひどく偏った通俗的理解にもとづいて流布・受容されるのも(6)、ひとえにここに原因があります。また、シャトーヴァロンのシンポジウムでフェルナン・ブローデルは、自分の全体的な理論構想が終生理解されなかったばかりでなく、知的な意味で自分は「きわめて孤独な人間」だったと答えていますが、その原因もここらへんにあるわけです。長期持続を語り、その支持者であることを宣言することと——同時代のフランスの歴史家は大方がそうしていました——、長期持続という術語を厳密に理解・把握し、歴史のプロセスを分析したり説明したりするさいの基礎座標としてそれを利用できるかどうかとは〈まったく別問題〉だからです。それにしても、この史的長期持続とは結局いったい何なのでしょうか。

史的長期持続とは、たんに緩慢な動きでもなければ、たんにきわめて長期に渡るタイムスパンのことでもありません――それなら、長期持続は人間的なプロセスと純粋な自然のプロセスを分け隔てずに指すことができるでしょう。長期持続とは人間の歴史の〈内部において〉、歴史が発達するプロセスに沿って〈現在の本質的なファクターとして決定的な作用を及ぼし〉続けてきた構造的・現実的な諸原型の総体であり、歴史が大きな曲線を描いて動くなかで、現実すなわち関与的な諸要素として持続的に有効な機能を果たしてきた、より深い層の座標全体であり、緩慢に形成、変形、消滅する事実の構造あるいは組み合わせなのです。人間の歴史の底に残るプロセスが重心の役割を果たしているとブローデルは考えますが、そうした深層の歴史の説明と解釈を可能にする本質的なパラメーターこそ、この長期持続でした。

重ねて言いますが、長期持続を形式的に定義するのは比較的容易であるのにたいし、現実のプロセスを分析して、そこに長期持続を〈発見する〉のははるかに難しい。なぜなら、緩慢な歴史の構造を認識する能力は、すぐに得られる類のものでも、理論を通じてのみ吸収できる類のものでもないからです。この能力は、これまた緩慢な〈修練〉によって得られる能力であって、たとえば遠く離れた時代の歴史的事実を認識するときと同じやり方で習得あるいは把握されるべきものなのです。私たちは、中世や古典古代の人々のように考え、感じ、見、「生きる」すべを研究のプロセスそのもののなかで学んでゆきますが、この「緩慢なリズムの深い歴史層」の存在を見つけだし、その具体的な役割と機能を解読するときもこれと変わりません。これによって初めて私たちは、複雑な綾を成す歴史全体の組織とともに、長期持続の構造を完全な形で取り込み、織り込むことができるのです。ブローデル自身いくどとなくそうしたし、私たちにもそうするよう提案してきました。

このような観点から理解したとき、史的長期持続という方法論上の鍵概念は、後でさらに精密化や発展のできる余地を残した豊かで複雑な鍵概念として現れてきます。フェルナン・ブローデルは、〈長期持続〉にかんする有名な論文で、歴史における異なる時間性という、この理論の〈基本的な母型〉を提供しましたが、同時にまた、提起したものの〈未解決のまま〉に残した問題がいくつかあることを指摘し、その論文がこの問題をめぐる議論のたたき台となって後の議論が活発に続いてゆくことを切望しました。そしてその後もブローデルは生涯をかけて、歴史の緩慢な持続の母型すなわち史的長期持続を発展させ、研究し、応用し、問題化し続けたのです。[7]

したがって、ブローデルが歴史学において果たした革命的な役割を忘れようとして彼を批判したり、連続性のみを強調する「保守的な」歴史観を煽ったりすべきではありません。いずれの批判もまったく薄っぺらで、ただブローデルの著作を〈注意深く〉読んでいないことを自ら暴露するだけです。ブローデルは革命という概念とその適用例を〈明示的に〉理論化・検討したばかりでなく、十三世紀から十八世紀にかけて資本主義を誕生させた〈長期持続の構造の〉深部における「革命」を研究するというそれだけのために、あの二番目の記念碑的著作『物質文明・経済・資本主義』〔全六巻、村上光彦・山本淳一訳、みすず書房、一九八五―一九九九年〕を書いたわけですから！　成すべきはむしろ、批判精神を保ちながらも、歴史的な長期持続と歴史の異なるテンポについて提起されたさまざまな派生態を真摯に、より深く追究してゆくこと。歴史のさまざまなプロセスと現象のあいだの連関と連係にかかわる問題を、それゆえ歴史のさまざまな時間性の特殊な連関と結合を、いっそう深く究めることです。これはブローデル自身がとりわけ重要だと指摘した問題で、断絶、急変、革命によって切断されると同時に、位相変化、遅延、調和的な遭遇の綾成す複雑な弁証法の内部に永続、残存、不動が痕跡を残す「歴史発達の具体的なダイナミックス」を、どうやって説明できるかということに直接絡んできます。それはまた、歴史のさまざまな時間性と現実の多種多様な現象のあいだに切り結ばれる移ろいやすい諸関係が形づくる複雑な輪郭を、一般的で、より抽象度の高い言葉で描き出そうという試みでもあるのです。その非対称的で互いに異なる諸関係は、司法的現象の世界や政治的事実および政治制度の宇宙においてはなぜ〈出来事の記述〉が〈独占的とまでは言えぬにせよ〉〈優位〉を占め、逆に、下部経済や地理においてはなぜ長期持続の構造がより大きく、より頻度を増して現れるのかを説明してくれるでしょう。なぜなら、たしかにブローデルは、さまざまな時間と多種多様な現象とのあいだには一義的な関係など存在しないと主張はしましたが——たとえ同じ地理的な出来事と心的な変動局面、同じ長期持続の政治構造と文化的な出来事を持っていたとしても——、そのいっぽうで、たとえば長期持続と政治的現実との間の関係が、長期持続と経済的現実との関係とけっして同じでないこともまた確かだからです。歴史的現象の種類とさまざまな時間とのあいだからこれらお互いに異なる複雑な関係が生じるその〈根拠〉と、関係の〈様態〉の研究こそ、試みる価値があるのではないか、というのがわれわれの意見です。

しかも、今日「歴史」学として知られているものの内部の実践としてだけでなく、現代のあらゆる社会科学の展望を刷新しようという批判的な意図のもとで、そうしたことを試みてもよいのではないでしょうか。というのも、ブローデルが明らかにこの特定方向に向かうよう促してきたにもかかわらず、[8]一九九一年現在、いまだにこう問うことができるからです。史的長期持続の展望が開けていらい社会学の研究はどこまで進んでいるのか？　この緩慢な歴史層を奪回し、研究対象となる人間集団のうち、発達から取り残された部分全体にこの歴史層を結びつけてしかるべき人類学の現状はどうなっているのか？　〈何百年にも渡る傾向〉と昔ながらの経済生活が「呼吸」するじつに長いサイクル、このふたつを取り戻しつつある経済学はどこまで進んでいるのか？　三つ——あるいはそれ以上——の時間性とこの長期持続の深い構造を二つながらに扱うことができる地理学はいまどこにいるのか？　と。

史的長期持続の理論と歴史のさまざまな時間からどんなことが派生するのか、その例をさらに列挙することもできるでしょう。しかし、むしろその一例として、歴史家のあいだで最も論議かまびすしい問題にこの理論がいかなる影響をもたらすか見てみる方がよいかもしれません。その一例とは〈歴史における決定論〉の問題、すなわち、歴史の動きそのものを前進させる決定的な因子あるいはその効果を持つ原因にかかわる問題です。おそらくこの例を通して、フェルナン・ブローデルによって提起されたこの新たな方法論的な鍵の革新的な意味合いとその深い豊かさをより具体的に測ることができるでしょう。

長期持続の構造は明らかに歴史のプロセス全体を決定している、とブローデルは言います(9)。この公理の独創性は要するに、かつて定式化されたさまざまな仮説を無効にする点にあるのではなく、むしろ真に〈新しい〉尺度、すなわち、かつてのものと本質的に〈異なる〉歴史的事実の切り取り方を提案することによって、既成の仮説が持つ重要性を再評価し、豊かにできる点にこそ求められます。なにしろ、これまでの公理がことごとく決定論の垂直の流れ、垂直の関係ばかりを提起してきたのにたいし、ブローデルは水平の線あるいは水平の流れを提起しようとしているからです。その意味を説明しましょう。

かつて歴史のプロセスを〈決定する〉事実、要素、原因、現象が存在することを主張し、かつ立証しようとした者はことごとく、まず、ある〈種の均質な現象〉をその他の現象よりも優位に置き、次いで、同じ性質を分かち持つこのタイプの事実、この種の事

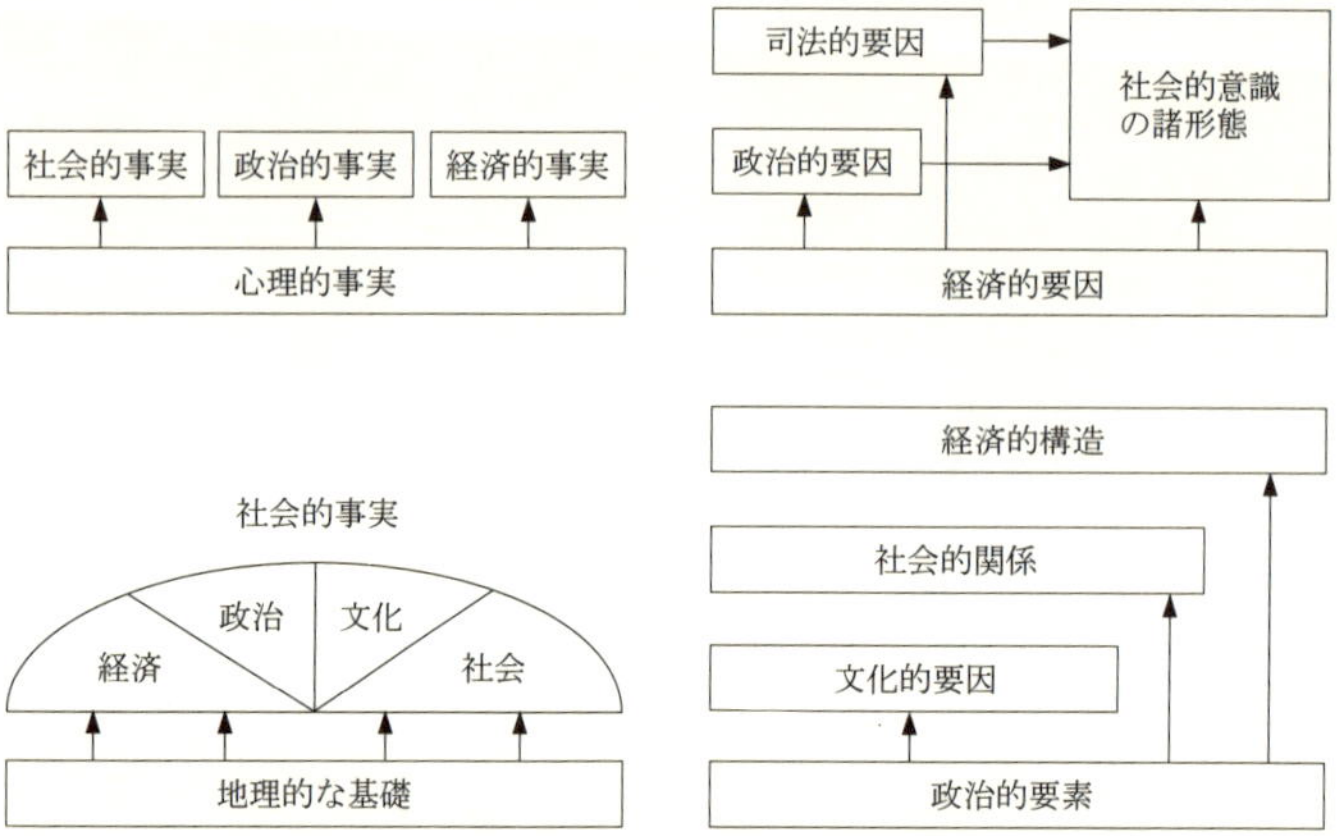

図 1

実がその他の事実にたいしてまさに決定的な影響力やインパクトを与えるという主張もしくは立証を試みてきました。かくして、歴史を決定するのは何を置いてもまず心理的事実だ、いや経済的な要素や要因だ、いや政治構造・政治制度だ、いやいや地理的な基礎だなどと、人によってさまざまな提案がなされることになったのです。しかし全体として見れば、これらはいずれも、あるグループを成す現象が、歴史的事実の下位総体に垂直な線あるいは垂直な流れの決定を及ぼしています。それを**図 1**のような図式で示せると思います。

組み合わせはまだいろいろ考えられる

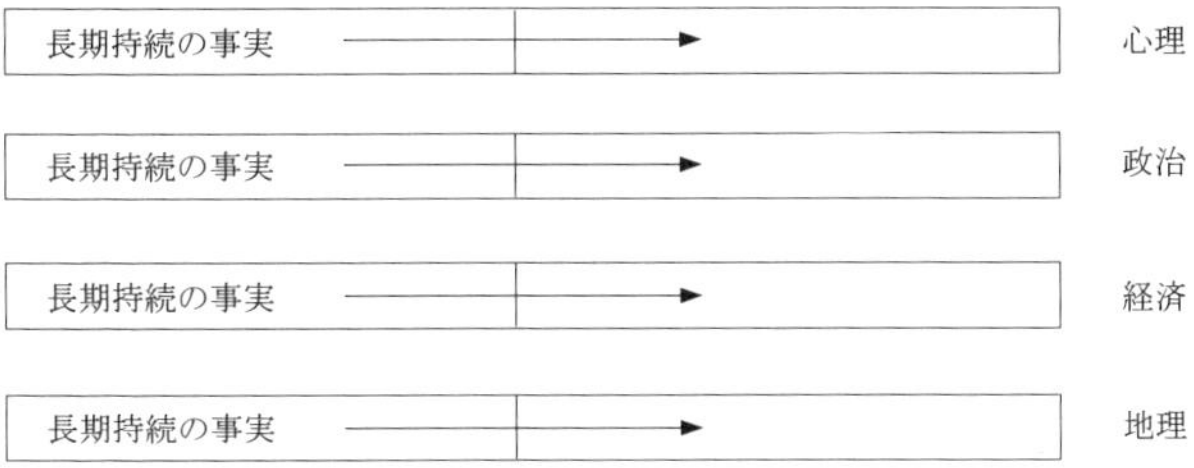

図2

でしょうし、提案する人によってこうした図式の複雑さや洗練の度合いはじつにまちまちではありますが、いずれの場合にも、決定の流れが、現象の均質な一グループからその他の現象グループへ（あるいはこれらのグループのいくつかから別のグループへ）と垂直に及ぼされていることは明らかです。まるでいつでも〈たったひとつのタイプ〉の事実が別種の現象に直接インパクトを与えているかのようです。

　以上の決定論に対しブローデルは、あるタイプの現象がその他のタイプの現象より優位にあるということをアプリオリには措定できないと主張し、初期『アナール』を特徴づけていた相対主義的な姿勢を取ると同時に、[10]〈それぞれの種類の現象内部〉には垂直でなく水平の〈新しい形の決定論〉があると提案しています。この提案に従うなら、問題の項それ自体を有効に複雑化することにより、決定論を打ち立てるさいに全く革新的な尺度がもたらされることになるはずです。なぜなら、史的長期持続というこの方法論的な鍵から出発すれば、介入する決定論の流れのレベルはひとつでなく、ふたつあることになり、それら二重の流れがひとたびきちんと認識されれば、そこから組み合わせと交差配合の問題が生じてくるからです。

したがって、歴史における決定論の問題をめぐるブローデルの新しい提案は、**図2**のように図示できるでしょう。

この図式は原則的に、現象のさまざまな種や族のあいだの関係を宙吊りにします。こうしてわれわれは、たとえばマルクスに従って、人類の先史時代に現れたあらゆる社会――いまもなおその中で生きている人々がいる――には生産本位主義への傾きがあり、したがって、人間社会を成立させた欠乏を根拠に、経済的事実には歴史を決定する役割があるという説を受け入れることができると同時に[11]、その「経済的現実」の水準においては、長期持続の経済構造が中心を演じていることをブローデルとともに認めることができるのです。

しかしこれによって、分析はよりいっそう複雑になります。というのも、経済的現実の内部において、より永続的で持続的な効果を際だたせることによって、長期持続の構造と、変動局面により近い構造やより短命な構造とを分離しなければならないばかりでなく、以下のような問題も次々に立ち現れてくるからです。すなわち、その他の社会的活動と諸関係を特徴づけ、かつ疑いもなく長期持続の現実でもある生産本位主義への傾斜は、まず、これら長期持続の経済構造から発して定着し、次にたとえば長期持続の政治構造に表現を与え、それを介して今度は「政治的現実」のレベルにあるその他のものに表現を与えるという具合に進むのだろうか？　それとも、むしろ直接この「深層の経済」から発して、政治的な事実と制度の総体に影響力を及ぼすのだろうか？　また、政治的な出来事はまず第一に経済的な出来事と結びつくのか、それとも経済レベル総体に結びつくのか？　そもそも経済的な変動局面、社会的な変動局面、政治的な変動局面のあいだにはどんな関係があるのか？　あるいはまた長期持続の「心的な牢獄」と社会的な出来事のあいだにはどんな関係があるのか？　さらには、文化生活の深層と文化的な出来事や変動局面との関係はいかなるものか？　などといった問いです。いまやお分かりのように、史的長期持続というこの新たな方法論の鍵は、こうした問題に対する〈新しいアプローチ〉への展望と可能性を含んでいます。現代の社会科学がこれまでほとんど手を付けてこなかったさまざまな歴史問題へ接近するための新たな、そして革命的な

「入り口」を持っているのです。そう考えるとき、フェルナン・ブローデルが繰り返し表明してきた「知的な孤独」感が何だったのか、はっきりと理解できるようになるでしょう。

社会的現実を研究する人々によってまだよく理解されているわけでも、深化されているわけでもないこの新しい方法論的な鍵に加えてブローデルは、他の歴史家たち——ブローデルの指摘によれば、まずはマルクスその人、そしてなかんずくマルク・ブロックとリュシアン・フェーヴル——によって以前すでに我がものとして主張されたある地平に独特の解釈を施し、二十世紀のあいだ歴史学においてずっと支配的だった視点から見ればまったく異例な意義と意味とをこれに与えようとしているのです。その地平とは、〈全体史〉として考えられた歴史です。

全体史とは何か

高尚であるにしろないにしろ、あるいは高尚の程度が落ちるにせよ、経済史はそれでもなお、われわれの仕事に本質的な問題すべてに関わる。それは、あるひとつの観点から見た人間の全体史である。

フェルナン・ブローデル、『資本主義の力学』、一九七七年（*La Dynamique du capitalisme*, 1985）〔『歴史入門』、金塚貞文訳、太田出版、一九九五年、十五頁〕

ブローデルの著作世界に入ることができる第二番目の入り口は、〈全体史の地平〉をめぐる独特のヴィジョンにあります。すでに見てきたように、ブローデルの方法論的な鍵あるいはブローデル的思考を導く糸が長期持続の理論だとすれば、彼の一般的な理論的地平、彼がつねに依拠する全体的な準拠枠は全体史、すなわち歴史を全体的に捉える方法にあるといえます。主著からさまざまな講義にいたるまで、ほんのちょっとしたインタビューや簡単な論文から最も野心的な学術機関のプロジェクトにいたるまで[12]、ブローデルが明らかにするあらゆる知的活動は、より一般的な座標を求めるごとく、つねに全体史というパラメーターおよび概念を参照しています。というのも、フェルナン・ブローデルの視点と、現在活躍している他の論者の視点を分かつものは、一見したところきわめて特殊に思える問題や、最も限定され最も特殊なものだと推測される現象を、それらに適した最もグローバルな座標と最も一般的な枠組みに結びつけることができる、彼のとびぬけた能力にあるからです。この能力のためにブローデルは、他の分析者たちがいままでほとんど考察してこなかった諸相を次々と発見し、取り組んださまざまな問題の全般についてじつに独創的で革新的なヴィジョンを練り上げることができました。こうしてブローデルは、一九六八年五月の文化革命を、ルネッサンスやヨーロッパにおけるその他の諸改革の、これも文化的な深い切断と比較するという独創的な仕事をやってのけることができたわけですし、また別の場面では、西洋の経済＝世界においてアメリカ合衆国が現在有する覇権の行く末を、ヴェネツィア、アントワープ、ジェノヴァ、アムステルダム、ロンドンの成功とその必然的衰退から引き出した教訓を以て予測することができたのです。

したがって、フェルナン・ブローデルは歴史的事実や分析された現象およびプロセスを、「それ自身の直接的な限界内において」考察するという態度をいちどとして受け入れませんでした。いやそれどころか、そうした限界を乗り越え、より先へと進もうとする態度、つねにグローバルな社会現実を捉えようとする態度をつねに擁護してきた。つまり、ブローデルは伝統的な意味における地中海史やフランス史、あるいは近代資本主義史や諸文明史を研究したのではなく、むしろ、全体史につねに現前するあの統一的な展望の内部に次々と侵入する具体的な個々の歴史を研究したのです。こうしてブローデルはトータルな歴史を、あるときには世界史や地中海文明史〈として〉、あるときには十八世紀から二十世紀にわたるヨーロッパおよび世界の資本主義史として、またあるときにはフランスのアイデンティティの歴史として研究・分析しましたが、それは、つねに同じあの反復する全体史から派生あるいは具体化した実践に他ならなかったのです。

トータルに見る歴史、あるいは全体を捉えようとする歴史は――ブローデルによればこの歴史は、トータルな現実、グローバルな現実を〈つねに指向しながらも〉なおそれに到達したり、それを一望の下に収めたりできません――、したがって、ブローデル宇宙にとって抜き差しならない重要な歴史です。ブローデル自身がさまざまな機会にこれを「人間の完全な歴史」だとか、空間・時間のあらゆる次元、人間社会のすべてのレベルを完全に包括する完全無欠な全体などと呼んでいることからもそのことがわかります。この歴史こそ、いやしくも歴史家たるものが取り組むことのできる、かつ事実上取り組んでいる唯一の歴史の定義であり、さまざまな「入り口」から入り、さまざまな「視点」から論じて[13]、さまざまな「方法」でアプローチを試みることが可能な、しかし研究のさいには必ず出発点となり、つねにその枠組みとして働く全体に共通の参照軸であるとブローデルは考えているのです。したがってこの全体史が、あるいは経済史として、あるいは政治史として、あるいは文化史として研究されうると同時に、歴史家が選んだ時間、空間、問題設定に沿って調査・研究されうることは明白です。十六・七世紀の歴史、古典主義時代の歴史、資本主義から社会主義への移行の歴史、はたまたラテンアメリカにおけるバロック芸術の歴史、フランスにおける経済恐慌の歴史、東欧における反資本主義革命の歴史などがその例でしょう。

とすると、全体史についてブローデルが抱く独特な解釈はいったいなにを含意するのでしょうか？　まずはフェルナン・ブローデルの直接的な知的先達たち（すなわちマルク・ブロックとリュシアン・フェーヴル）が構想した全体史の形を〈乗り越えた〉こと。しかしこれに加えて、しかもこれよりはるかに深い含意は、二十世紀のあいだに、社会を扱うさまざまな「科学」と「学問」を構想・展開してきた手続き全体が〈根底的に批判にさらされ〉、したがって、これからの人間諸科学の発展がいままでとは別のやり方で、しかもきわめて短期間にやり直すよう要求されることです。そして最後に、こうしたことの必然的な成り行きですが、社会科学における「学際性」や「多学問性」をめぐり今やあらたに活発化している議論にかんする、きわめて示唆に富む新しい立場も含意しています。以上の三点についてより深く考えてみましょう。

フェルナン・ブローデルが全体史にかんするブロックとフェーヴルの立場を——否定すると同時に換骨奪胎するというヘーゲル的な意味において——乗り越えたといえるのは、ブロックやフェーヴルの先達たちがパラダイムを形作っていらい続いてきた学問分野の細分化の基礎そのものにブローデルが疑問を投げかけたからです。というのも、初期『アナール』の指導者たちにとって、全体史とは、当時の社会・人文諸科学の発達と貢献の総体を歴史学そのものへと奪回・併合する運動に他なりませんでした。歴史学は社会的現実を扱うさまざまな学問分野のひとつに過ぎないとする区分それ自体が、『アナール』の方針を打ち出した創始者たちによって真っ向から問題にされたことなど、じつはいちどたりともなかったのです。

これにたいしブローデルにとって焦眉の問題とはまさに〈学問分野のあいだを仕切る障壁そのものの正当性〉を否定し、あの「人間の完全な歴史」の深層にある本質的な統一性を再構築することでした。これがなし得れば、そこがあらゆる分析の出発点にならざるをえず、歴史を創り、把握する形も刷新されるはずだと考えていたわけです。

すなわち、より深い言い方をするなら、ブローデルは今世紀の社会科学の辿った軌跡、すなわち、あの共通の参照軸、普遍的な母型《マトリックス》を喪失し、まさにそれ以来、現代の人文諸科学の幅広い領域を構成するさまざまな科学分野が分解し、自律化していった軌跡を根底から批判したのです。現代の社会科学は、分析という——よりよく吟味するために全体をばらばらの個に解体する——契機を実体化したことにより、社会的現実を切り離してさまざまな次元へと断片化し、かつて一体を成して属していた全体性から恣意的なやり方で分離・自律化を行なったあとで、自らの研究対象は何か？　自らに固有な方法とは？　自らに特有の技法とは？　自らに最適な解釈のパラダイムとは？　と問うことに終始したわけです。

十九世紀の最後の三分の一と二十世紀の最初の三分の一が、さまざまな社会科学を「構築する」運動の時代に他ならなかったとすれば、二十世紀の残りの三分の二は、それとは反対に、学際性や多学問性という道を模索することで、ひとたび失われた原初における統一性を回復しようと試みた時代、そしてその度ごとに失敗を喫してきた時代でした。(14)

ブローデルはこれにたいし、全体史という先ほど触れたあの独特な構想を対置します。ブローデルにとって社会科学の統一性を「模索する」ことが問題ではありません。彼にとって重要なのは、この「統一性から出発」することなのです。そして、あらゆるタイプの歴史——経済史、政治史、社会史、文化史など——に共通する対象であるばかりか、社会的現実のあらゆるタイプの認識、可能なあらゆる社会科学に共通する対象がまさにこの「人間の完全な歴史」であって、ただそれがさまざまなケースに従って、つねに個別的な「ある視点」、「ある時代」、「ある空間的出来事」から（あるいはその内部で）観察されるにすぎないとブローデルは主張します。

すでにブローデルが明らかにしたように、そのとき全体史は、あたう限りの時代におけるあらゆる歴史的事実を研究するというばかげたもくろみではなくなるでしょう。ただし――このただしを強調しておきたい！――分析における伝統的なレベルを介入させようとする要求がつきまとわなければですが。つまり、たとえば十四世紀から十八世紀にかけてラングドック地方の農村経済から出発して、それと全体との関連を探るのではなく、むしろ、この全体から出発して問題設定や時間・空間座標を徐々に制限してゆき、最後にフランスのこの特定地域における農村経済を大宇宙のなかの一点として、そして大宇宙に浸る多くの可能な小宇宙のひとつとして位置づけなければいけないわけです。こうしたことによってたんにブローデルは十九世紀の偉大な思想家――なかんずくヘーゲル、マルクス、ミシュレ――を特徴づけるあの広大な視野にわれわれを立ち戻らせようとしているばかりではありません。なおいっそう豊かな視野へとわれわれを立ち戻らせようとしているのは、彼が擁護する歴史の新しい形を〈基礎づけ直す〉ためです。学際的な細分化と自律化というこの奇妙な旅程をほぼ経巡ったこの百年のあいだに社会科学は断片化しました。それでも社会科学がもたらした貢献や発達はあります。ブローデルがこうした貢献や発展の総体を全体的なヴィジョンへと奪回し、再同化するのは、こうして彼が擁護する歴史の新しい形を〈基礎づけ直す〉ためなのです。

したがってブローデルは、長期持続によって歴史的な諸問題を分析するための新しい革命的な方法論の鍵をもたらすいっぽうで、それに固有なヴァリアントである、グローバルな、あるいはトータルな歴史の要求によって、われわれが抱える個々の歴史学的テーマを据える、革新的ではるかに複雑かつ一般的な理論的地平をもわれわれに提示しようとしているのです。

そして、ブローデルの著作全体を貫く並外れた一貫性と独創性を支える真の〈基礎〉、ブローデルの豊かな知的道程に沿って産み出された具体的なさまざまの結果の深層にある〈統一性〉を支える真の〈基礎〉、こうした〈基礎〉を形成するのもまた、歴史にアプローチするこれら二つの新たな形――緩慢な歴史の次元から出発するアプローチと全体史が条件づける展望から出発するアプローチ――なのです。この基礎は、ブローデル自身の表現に従うなら、ブローデルのやり方とマルクスの批判的プロジェクトの深層における近親性をわれわれに理解させてくれます。ブローデルによれば、マルクスは「真の社会モデルを長期持続から出発して作り上げた初めての人物」であると同時に、「つねに全体を見渡すことのできる、事物にたいしてグローバルな見方を持っていた」思想家であり、「全体史と呼びうるもの」の考案者でもありました。こうして、真に科学的な歴史を構築しようという現代的な展望から眺めるとき、二人の人物を隔てる知的状況や時代の明らかな違いにもかかわらず、したがって思索の方向や知的企図の明らかな違いにもかかわらず、十九世紀の最も重要な社会思想家の仕事と二十世紀の最も偉大な歴史家の著作を深いところで結ぶ一本の糸が浮かび上がってきます。

それでは、ブローデルの作品全体を深いところで貫く有機的な統一性をより詳しく見てゆくことにしましょう。

すべては地中海から

――後からふりかえって見ても。ご自分のなさったことには、ひとつのまとまりがある、とはお思いになりませんか？

ブローデル　なぜその種の問題を自分に課さねばならないのでしょうか？　後になってから一貫性を探し求めなければならないのでしょうか？　実際のところ、私にとって、すべては地中海そのものから、地中海が指し示す不可解なものからやってきたのです。歴史的に話せば、地中海は、ふつうの登場人物ではありません。

ブローデルへのインタビュー、『マガジン・リテレール』、一九八四年十一月

〔井上幸治編集・監訳『フェルナン・ブローデル〔1902-1985〕』、新評論、一九八九年、一七〇頁〕

ブローデルの壮大な歴史観に接近する第三の重要なアプローチとは、まさに、彼の著作の全体を結びつけるこの深い内的一貫性を指しています。このアプローチは、これまで分析してきた二つの入り口から直接派生すると考えることができるでしょう。すでに確認したように、ブローデルの著作全体は、史的長期持続の観点から書かれているという意味において、またそれがトータルな、あるいはグローバルに捉える歴史を不可避な共通の地平とするあらゆる実践の総体あるいは派生物の総体であるという意味において、本質的な連関を持っています。しかし、ブローデルの道程の全般にわたって認めることのできる一貫性の背後におそらく存在するこうした二重の基礎の彼方には、語の最も広

い意味における〈問題意識にかかわる《プロブレマーティカ》〉統一性——すなわち、分析されたテーマだけでなく、著者の興味と気がかりの所在をも示す統一性——ばかりでなく、〈歴史概念を構築する〉さいの〈理論上・概念上の一貫性〉、すなわち、フェルナン・ブローデルの注意を惹いてきた広範な史的プロセスをめぐって、グローバルなヴィジョンがますます完璧に、ますます体系的に練り上げられてゆくなかで成し遂げられた有機的な発展と成熟の統一性もまた明らかに存在するのです。

　周知のように、ブローデルの全著作は、相次いで発表された息の長い三つの記念碑的な企てを中心に組織されています。ブローデルは「初版」『地中海』から、資本主義の研究を経て、未完のフランス史に至る三大著を書きましたが、これらの三大著は彼の主要な知的遺産となっているばかりではありません。そこから派生したりそれを補ったりする企ても、方法論や歴史記述にかんする論文やエッセイ全体も、この三大著から理解できるようになっているのです(15)。

　ところで、フェルナン・ブローデルの巨大な三著作が〈密接な〉連関を持つと言うとき、当初のテーマの拡張あるいは縮小というはっきり目に見えるケースの他に、理論や概念のより深い相互補完性という見えにくいけれども本質的なレベルに属するケースもあると考えられます。

このことをより詳細に検討してみましょう。

ブローデル自身が断言したように、「すべては地中海そのものから、地中海が指し示す不可解なものからやってきました」。こうして『フェリペ二世時代の地中海と地中海世界』初版において、〈当初〉十六世紀後半スペインにおける地中海世界と地中海文明について説明すると決めていたフェルナン・ブローデルが、にもかかわらず、長期持続の観点に立ち――そのころ他ならぬブローデルが長期持続を部分的に発見しつつあった――、真にトータルな歴史という地平から問題を建て直すよう自らに課すようになって、結局、必要に応じて分析の対象とする時空を拡大してゆくことになったのです。空間的には「小ヨーロッパ」全域ばかりか、大西洋とスペイン゠ポルトガル系アメリカ（当時この地域は、世界資本主義市場と本当の意味での世界史から現れ始めた一大ネットワークに暴力的に組み込まれつつあった）まで考慮に入れざるをえなくなり、時間的には、ブローデルが後に「長い十六世紀」と呼ぶ洋々たる時代、すなわち、およそ一四五〇年から一六五〇年にわたって一定の歴史サイクルを構成する大きな時間単位にまで広げるどころか、それよりはるかに長い時間、何百年、いや何千年と変わらずに繰り返されるあの四季の交代と環境の変化、山と谷が綾成す独特の戦略的機能、地中海生物の貧困さ、その論理的帰結、要するに、とりわけ地中海的と称される文明の基礎となっている地理＝自然に独特の外観にかかわる時間まで考慮せざるをえなくなりました。

こうして、初めは解明すべき中心問題として限定されていた空間と時間は、当然のごとく、いやむしろ不可避的に外へ向かって切り開かれ、あとはもう、ほぼ自生といった趣でさらに〈伸び〉広がってゆき、ついにはブローデルが二番目の大きな企てを引き受ける契機にまで到達してしまいます。『物質文明・経済・資本主義　十五―十八世紀』に結実する企てです。なぜなら、綿密に見るとわかりますが、この二番目の大著は、『地中海』に結実する一番目の企てを空間的にも時間的にもさらにいっそう〈大きく拡大した〉第二ヴァージョンに他なりません。なにしろ、この二番目の大著でブローデルは、長い十六世紀から十八―二十世紀という近代資本主義の活力に溢れた広大なサイクルに向かって移動し――ここでもまた、本のタイトルが予告する時間をはみ出している――、分析の対象も小ヨーロッパおよび大西洋＝アメリカ世界から、まさに地球規模へと移っています。

そこでブローデルは『物質文明』で、全体史が徹底して要求するあの「逆向きの行進」

を続行します。『地中海』が視野に収めていたすでにして広大な時空間にすら満足せず、その研究範囲を地球そのものの規模にまで、現在もまだ続いている資本主義の現代性にかんして可能なかぎり広いクロノロジーをカバーできる羅針盤にまで広げてゆくのです。(16)しかしここには、それまで引き受けてきた空間的・時間的限界を打破しようという〈明らかな〉動きとともに、ブローデルが当初から持っていた気がかりが理論的・概念的に〈成熟〉し、〈完全なもの〉に近づいてゆく動きもまた存在します。これはつまり、『物質文明』で発展するものの大部分が、『地中海』のなかにすでに存在していた問題点やテーマの補足であり、一般化であり、本質的な深化に他ならないことを意味しています。それを確認するためには、例を二つも示せばじゅうぶんでしょう。

ブローデルは『地中海』で、地理＝自然の基礎を成す多種多様な要素が人間に加えるさまざまな強制力や圧力を複合的な理論に要約することによって、「歴史地理学」(17)の基礎概念を練り上げました。たとえば、四季の変化が戦争と平和のリズムや力学そのものにもたらす影響や、山の圧倒的な存在と山岳民が不可避的に取るきわめて独特の「暮らし方」、常に貧しい地中海の生物とそれが人間に与える必然的影響などといったさまざまな状況を補いながら、ブローデルは、「地理環境」が人間の歴史プロセスにたいして〈いか

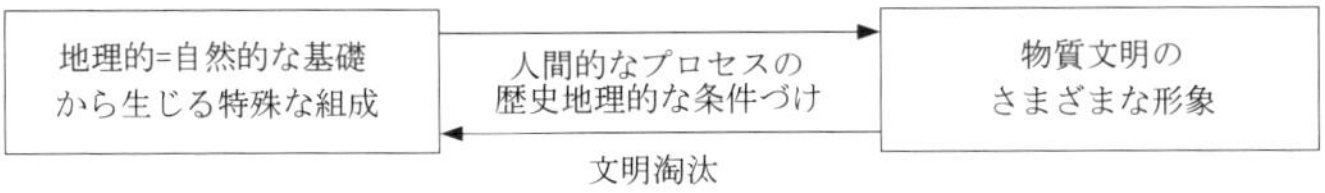

図3

に決定的な力を及ぼすか〉という問題に綿密な解釈を施し、地中海世界の地理的＝自然的な基礎と、この空間に生きる人間のために築き上げられた地中海文明の諸形態とのあいだに有機的な関連が実際にあることを明らかにしてみせています。したがって、『物質文明』にかんする二番目の著作においてブローデルがこの地理的＝自然的な推力あるいは圧力全体にたいする〈人間側の反応のさまざまな形〉を、すなわち、おおまかに言って、ブローデルが「物質文明」という言い方で呼んできたものの世界全体を構成するさまざまな形を分析するにあたって、以上のことが基礎の役を果たしているのです。なぜなら、フェルナン・ブローデルにとって物質文明とは[18]、自然の圧力にたいする反応として練り上げられた人間側の戦略から生じる「物質的な結果」が纏うあらゆる形態であり、地理的＝自然的環境を凌ぐために人間が迫られて何をどうするか決定したその形態から派生する、一定の生産様式に対応する技術的な姿、一定の消費様式に相関する具体的な姿の総体に他ならないからです。人間社会は特定の自然環境の要求にたいしてそれぞれ異なった生き残りの戦略を取りますが、その戦略から派生する固有の「文明淘汰」に基づいて物質文明の形態が定着することをブローデルはうまく提起しています。以上のことを**図3**のように図式化できるでしょう。

こうしてブローデルは、人間と自然の弁証法という、歴史家がつねに取り上げる古くからの基本問題について独特の解釈を練り上げるだけでなく、その問題に有効なアプローチを試みるための具体的な概念媒体も組み立てるとともに、十三世紀から十八世紀にわたる地球全体の物質文明に模範的な形態分析を加えるにあたって自らこの仕事を引き受け、『物質文明と資本主義』――その後、大著『物質文明・経済・資本主義』の第一巻になる――の論証においてそれを展開することにより、初版『地中海』と『物質文明』のあいだに存在する深い理論的・概念的統一性をわれわれに示してくれているのです。というのも、ブローデル的な歴史地理学の概念を「完全に」理解するためには、この概念の不可欠な相関物たる物質文明の概念の理解がどうしても必要になり、逆に物質文明の概念を過たずに認識するためには、文明の淘汰という概念の理解も、人間生活のプロセスの歴史地理的な諸条件にたいする理解も不可欠になるからです。

これとほぼ同じことが、歴史上かつて存在したさまざまな経済=世界にかんするブローデルの理論展開と、十三世紀から十八世紀にかけて起こったヨーロッパ経済＝世界の脱中心化と再中心化の力学にかんするより詳細な分析についてもいえます。つまりこの分析は、『地中海』において、長い十六世紀のあいだのヨーロッパ経済＝世界を初めて検証し、入念に展開させるなかで得た教えを、より理論的に、より広範に「一般化」したものに他なりません。すなわち、当初はヨーロッパ経済の研究をするために最初の大著で発見されたメカニズムにすぎなかったものを、一般的な仮説の水準にまで引き上げることによって、ブローデルは、資本主義世界市場の形成プロセス、より深くは真の世界史の生成プロセスを経済的な見地から究明するために必要な概念的枠組みをもたらし、と同時に、首尾一貫した単位としてさまざまな歴史的段階にうまく適応してきたさまざまな経済＝世界の一般理論を構築・体系化しているのです。

こうしたことによって、ブローデルは他ならぬ『地中海』というテクストをもういちど真剣に読み直す鍵を与えてくれます。というのも、『物質文明』第三巻（題して『世界時間』）で展開される論証に照らしてみるとき、『地中海』第二部・第三部の――一九四九年と一九六六年の両版の、とりわけ第二部に語られたことについて――有益な再読が可能になり、『物質文明』に含まれる、はるかに拡張され、はるかに包括的な図式から、ブローデルが歴史記述上・概念上もたらした貢献の大半を位置づけ直すことも、その規模を測定し直すこともできるからです。

こうして、『地中海』と『物質文明』のあいだにある統一性は、『物質文明』が最初の企ての空間的・時間的延長であるという明らかなレベルにとどまらず、理論の成熟、概念の補足、ブローデルの理路の中核を成すある種のテーマの深化と拡大といったレベルにおいて、より本質的かつ深遠なものとして現れてきます。

最後に、フランス史にかんする未完の企てもまた、これと同じ理路を経ています。すなわち、フランス史に先立つ二大著における個別研究において繰り返し現れるある疑問に答えるべく、いくつかの一般的な仮説の有効性を、国という、より限定された枠組みにおいて――普遍的な視野を持っていたとはいえ、フェルナン・ブローデルはフランスの歴史家だったわけですから、これにはいささかの不思議もありません――証明しようという試みなのです。最後の大著となったこの著作においてブローデルは、「小さなフランス」から出発して――小さなとはおそらく、フランスは全世界と比べて、いやヨーロッパ全体と比べてすら小さいという意味でしょう――フランスの深い構造と長期持続を全体史のなかの特定地域のひとつの出来事として探究し、そのさまざまなつながりと性格を分析するなら、前の二大著でわれわれが慣れ親しんできた広大な空間にかならずしも回帰せずとも、史的長期持続と全体史の観点から歴史が書けることを証明したかったのかもしれません。

と同時に、そしてこちらの方がより本質的なのですが、『フランスのアイデンティティ』の第一巻になるはずだったテクストは、ある問いに答えを与えようと努めています。『地中海』と『物質文明』を丹念に読むと、ブローデル自身が自らにたいして執拗に問いかけていたことがはっきり見えてきますが、そのうちのひとつがこの問いです。すなわち、いまだ地中海に中心がとどまっていた長い十六世紀のヨーロッパ経済＝世界において、なぜフランスはああいう二流の役どころしか演じることができなかったのか？　十二世紀から二十世紀にかけてヨーロッパの経済＝世界は地球の隅々まで広がっていきましたが、この経済＝世界を構成していたあらゆる国のなかで、なぜフランスは中心的な役割を果たしたこともなければ、その経済的・政治的な力を覇権的な形で誇示することもできなかったのか？　以上のような問いです。フランスは大きな歴史的遭遇にことごとく遅れてやってきたというのが、かねてからブローデルの唱えていた仮説ですが[19]、この仮説は、潜在的には大国となる可能性を秘めていたフランスが歴史上いちども そうなれなかった事実をうまく説明してくれます。その意味で、ブローデルの最後の息の長い企ては、フランスが失敗したさまざまな原因、フランス史の深層に横たわるこの問題の説明となる理由を、緩慢な歴史の観点からグローバルに説明する努力に他なりませんでした。何十年ものあいだ、いや『地中海』とともに知的半生が始まったときからブローデルを悩ましてきた問題のその原因、理由を。

したがって、われわれが見るところそれは、ブローデルの三つの記念碑的な企てを結びつけ、しかも、この偉大なフランスの歴史家のエッセーや論文などを、それら三つの企てから派生する、あるいはそれらを補完する仕事として理解させてくれる深い有機的統一性であり、「帰納的に得られる一貫性」に他なりません。この統一性によって、ブローデルが生涯にわたって実現してきた小さな、しかし多様な「歴史学革命」の全体、さまざまな分野や時代の歴史を論じる専門家たちの議論においていまだ第一級の重要性を有している「歴史学革命」の全体もまた、枠組と方向性が与えられているのです。

発見されるべきアメリカ大陸

歴史学の、いや、他のすべての人間科学、のみならず、すべての客観科学の前には、つねに、発見されるべきアメリカ大陸が横たわっているのだ。

フェルナン・ブローデル、『資本主義の力学』、一九七七年（*La Dynamique du capitalisme*, 1985）

〔『歴史入門』、金塚貞文訳、太田出版、一九九五年、一六九頁〕

われわれの観点から考え得るブローデル作品への第四の入り口は、したがって、この特異な歴史学革命の巨大な全体から出発するアプローチです。すなわち、ブローデルの仕事と研究が、それまで歴史家たちによって受け入れられてきた無数のテーゼにたいして引き起こした特異な歴史学の革命から出発するのです。なぜなら、歴史のブローデル的概念が持つ深い革新的な特徴を評価する適切なもうひとつの方法は、歴史というこの特定分野にブローデルが関わる以前歴史家を生業としてきた者たちによって支持されてきた視点や用語にいたるまで、歴史のブローデル的概念がすっかり転倒し、徹底的に変容させたときに惹起した「直接効果」から生じているからです。

とはいえ、フランスの、ヨーロッパの、世界の歴史学に起きたこれら無数のミクロ革命を、たとえおおまかなものにせよ一覧表にまとめようとしても無駄でしょう。なにしろ、アメリカとインド航路の発見後たちまち凋落に向かった地中海についてのテーゼにおいても、一九七二年から七三年にかけて起こった資本主義の世界的危機にたいする特異な評価と予測においても、「十六世紀ヨーロッパにおける価格革命」という古典的な議論にかんする発言においても、また、ヨーロッパの定義そのものや今日さかんに喧伝されている欧州連合の未来にかんする意見においても、ブローデルは、個々の問題を扱うにあたってつねに新しい視点ときわめて独創的な作業仮説を導入するため、彼が議論に加わるや、議論に参加している人間のあいだで大きな断絶点が露わになってしまうからです。

そこで、この特権化された「ブローデルの発言」をすべて列挙するよりも、そのひとつに絞って概観した方が面白いと思います。今日、ラテンアメリカの歴史家がとりわけ関心を寄せる議論のひとつに興味深い視点を開く発言です。すでに見たように、フェルナン・ブローデルは、長期持続の展望に立って、全体史というより広い観点から、分析された諸問題を位置づけ直さなければならないとつねづね言い続けていました。したがって、ラテンアメリカ近代史の問題に取り組んだときにも、ブローデルは、これら二つの方法論と理論を援用し、そこに立脚して問題に答えています。その結果、ブローデルは、このアメリカ亜大陸における緩慢な歴史の深い座標をも明るみに出そうと試みることになったのです。

こうしてブローデルは、「非キリスト教アメリカ」がいまだに共存しており、かつてスペイン＝ポルトガル系アメリカの領土だった土地を今日なお不均等なかたちで分有していることを明らかにしつつ、〈ひとつの〉ラテンアメリカは存在するのか、ラテンアメリカのアイデンティティを云々することはできるのか、という問いに答えようとします。基本に立ち返って見れば、コロンブス征服以前の、すなわち原住民だけからなるラテンアメリカの地図と、現在のラテンアメリカの地図を比較するのはさして難しくないからです。コロンブス以前、大文明は新大陸のどこに根付いていたのか？　メソアメリカ、メキシコの中部地域、ユカタン半島のマヤ地域、中央アメリカの周縁の大きな村といったよく知られた地域、そして南アメリカ大陸北西のインカ文明が占めていた全域です。

これと同じ時期に、コロンブス以前の古代文明が支配していない広大な空間には、ほとんど物の数に入らないような低い人口密度の人々が、ひどく不安的な生活条件のもとで暮らしていました。

マルク・ブロックの比喩を使って、ラテンアメリカ史のフィルムを現在にまで早送りしてみるなら、われわれはきっと驚くでしょう。今日でも原住民の人口が最も多い地域や地区は、ヨーロッパ人が侵入して征服する以前の段階における地域や地区と〈ほとんど変わらない〉のです——移動による若干の例外はあるものの、これとて、もとの定住地に隣接した場所への移動にすぎません。つまり、コロンブスがアメリカ大陸に到着する以前から原住民は〈ほぼ同じ場所に居続け〉、元来の「原住民アメリカ」とでも呼びうるものを〈長期持続として〉再生産あるいは維持し続け、中南米大陸におけるさまざまな民族モザイクを構成し続けているのです。

同様に、明らかにこれと相補う形で、スペイン侵入以前のかつての広大な、あるいは広範囲な空間が、今日、一四九二年以後到着した人間集団の分有する空間であることも確認できます。その人間集団とは「ホワイト・アメリカ」であり——アルゼンチン、チリ、北メキシコなど広範囲に暮らしているものの、全般的に見れば少数派で、幾世紀にもわたって社会を支配してきましたが、今世紀に入ってからその役割は低下してきています——、「ブラック・アメリカ」であり——ブラジルでは際だった力を持ち、明らかにカリブ全域に広がっていますが、その歴史はこれからより体系的に掘り起こされなければなりません——、「混血人種のアメリカ」です——人種の組み合わせによっていまださまざまに差異化されていますが、ラテンアメリカ全土で日毎に地歩を固めています。

ラテンアメリカにおいて重なり合い、共存し合うこれら四つのアメリカは、現在のアメリカが組み立てられ、建設されるプロセスに、それゆえ、現在のアメリカのより深く本質的な性格に、史的長期持続と民族、経済、社会、文化の巨大な複合体がどれだけはっきりとした影響を与えたか物語っています。

これはまだ議論を深める余地のあるテーゼですが、歴史と歴史学にかんするブローデルの記念碑的な著作には、他にもまだまだこうした例があります。

二十世紀で最も偉大な歴史家、フェルナン・ブローデルの著作に含まれた多様にして多面的な貢献を埋もれさせておかないために、われわれにはまだまだやるべきことが残っています。ブローデル自身がうまいことを言ってくれたではありませんか。「歴史学の、いや、他のすべての人間科学、のみならず、すべての客観科学の前には、つねに、発見されるべきアメリカ大陸が横たわっているのだ」と。

注

(1) この拒否については、Braudel, "Última", 1987, p.75、あるいはマルクスの思想と著作にかんするブローデルの興味深い論文、"Dérives", 1983 を参照。

(2) しかも、理論や理論的な構成について、この〈一般的な次元〉や〈概念の全体的な〉性格を指摘しているのはブローデル自身である。〈長期持続〉にかんする論文、経済＝世界にかんする問題提起――一九八五年十月にシャトーヴァロンで行なわれたシンポジウムにおけるウォーラーステインとの討論のなかで、ブローデルは経済＝世界を十六世紀のはるか以前にまで広げている――、諸社会〈一般〉を〈諸々の全体のそのまた全体〉として考える仮説、あるいは物質文明の個々の形象にかんするこれまた普遍的な理論にこのことが窺える。これらの点については "Larga duración" (*Historia*, 1968)、*Lección*, 1989、*Civilización*, 1984 を参照。〈ブローデル的システム〉の存在の有無にかんしてわれわれと異なる解釈については Gemelli, *Fernand*, 1990。

(3) この理論については、ブローデルの有名な論文 "Larga duración" (*Historia*, 1968)〔「長期持続」『フェルナン・ブローデル』所収〕を参照。また、この理論の核心については "Mare", 1983 および "Civiltà", 1982 により分かりやすい説明があるのでそれを参照。

(4) ブローデル "Larga duración", 1968, p.74.〔『フェルナン・ブローデル』二九―三〇頁〕強調は引用者。

（5）　ブローデルはこう言っている。「歴史のテンポを、そのさまざまな速さにしたがって、異なる〈時間性〉にしたがって区切ったのは、地中海について本を書いているときでした。じっさい、速いテンポ、もっと緩慢なテンポ、ほとんど動かないテンポというものがあると私は思います。でも、歴史のテンポにかんするこの概念に到達したのはいろいろとやってみた結果であって、最初から操作概念があったわけではありません。同じように、私が弁護人になっている〈長期持続〉も、最初のうちは、具体的ないくつかの困難を克服する人工的な装置だったのです。地中海について本を書く〈以前に〉は、長期持続を考えたことなどありませんでした。」ブローデル、"Manera", 1986.

（6）　こうした単純化や通俗化の例はいくらでも引くことができるが、いずれも、長期持続を百年以上続いたり消え残っている現象と混同したり、さらには、こうした歴史の緩慢な構造を地理的な事実と同一視している。また、この長期持続を、経済学者が使う〈長期〉と同一視したり、たんに時間経過そのもののリズムが緩慢なだけなことと取り違えたりする場合もある。しかし、われわれの見るところ、こうした単純化から最も遠い地点にあるのが他ならぬフェルナン・ブローデルの著作である。この点から見るとき、ブローデルの著作は、史的長期持続の観点から発見され応用された多種多様な実践と試みの広大な全体として考えることができる。長期持続の理論が生んだじつにさまざまな解釈については、Fontana, "Ascens", 1974 ; Dosse, *Miette*, 1987 ; Vovelle, "Histoire", 1988 ; Le Goffe, "Changement", 1986 ; Lacoste, "Penser". 1984 ; Aguirre, "Hacer", 1986 ; Chesneaux, "¿Hacemos?", 1977 ; Bouvier, "Marxisme", 1985 ; Ricœur, *Temps*, 1983 ; Kula, "Storia", 1974, などを参照。

(7) この点にかんしてわれわれが思い出すのは、おそらく、ヨーロッパの経済＝世界において何百年単位で存在する〈趨勢《トレンド》〉をめぐるブローデルの問題提起――価格の歴史から出発して計量化の方法を提案し、緩慢な歴史のいくつかの〈経済構造〉に繰り返されるある種のリズムを調べることによって、その〈経済構造〉をめぐる長期持続というアイデアを明らかにしている――や、『フランスのアイデンティティ』(第一巻、第二分冊、第一部)に含まれる仮説、すなわち、フランスの史的発達において経済的にも人口統計的にも長期の歴史サイクル、長期持続がある可能性を示唆した仮説かもしれない。このことから明らかなように、ブローデルは生涯をかけて〈継続的に長期持続を考えて〉おり、長期持続から新たに派生する事柄や問題をつねに追究していた。

(8) ブローデルは長期持続にかんする論文のなかではっきりこう述べている。「もし歴史学が本質上、持続、あらゆる運動――それらの間に立って、歴史学は引き裂かれるかもしれない――に、特別の注意を払うよう要請されるものであるとするなら、われわれ歴史家にはこのあらゆる運動からなる扇形の中で、長期持続こそ、どんな社会科学にもあてはまるような観察と研究にとって、最も有用な軸であるように思われる。われわれの隣接科学に対して、「推論を行なうさいその確認ないし検証を、この長期持続という基本軸にいったん立ち返ってから行なってほしい」と望むのは、度を越した要求だろうか。」(『フェルナン・ブローデル』五八頁)この条りはまた学際的科学《インターサイエンス》を促進しようというブローデルの最終目標として理解しなければならないし、実際ブローデルは、社会科学の統一を目指すグローバルな視点から何十年にもわたって教育実践を展開してきた。

（9）フェルナン・ブローデルは、一九五八年の〈長期持続〉にかんする論文のなかですでにはっきりと決定論を示唆しているが、その後著作を次々とものしてゆくなかで、また、知的な計画を成就してゆくなかで、決定論を〈徐々に〉、しかも、そのつどいっそう〈明瞭な形で〉引き受けていったように思える。ブローデルがこうして長期持続の決定論を徹底していったという見取り図については、シャトーヴァロンのシンポジウムにおける発言と討論（*Lección*, 1989所収）を参照し、五〇年代の論文における発言および討論（*Écrits*, 1969所収）と比較されたい。

（10）この点については拙論“Hacer” 1986を参照。多元決定された歴史、あるいは複雑な歴史という、初期『アナール』によって支持されたこの相対主義的なパラダイムについて、より詳細に述べている。

（11）興味深いことに、近代資本主義については、当のブローデルが〈経済的〉事実を優位に、その他のタイプの社会現象を下位に置くことを認めている（*Civilización*, 1984, tomo II, pp. 397-400を見よ）。とはいえ、同時に、ブローデルは独自の方法で経済的現実の世界を拡張・成長させながら、この時期において決定的な役割を演じた長期持続の〈経済〉構造を正当に位置づけており、深層において激変――まるで天変地異のように、社会全般の代謝全体にはげしい揺さぶりをかける長期持続のあの大転換――があったこと、そしてそれがじっさい今日の資本主義に強い影響を与えていることを示している。経済的現実の決定的な役割をめぐるマルクス主義の問題提起と、マルクスにおけるこの概念の規模そのものについては拙論“Economía” 1990を参照のこと。

(12)　たとえば、パリ大学に社会科学部を創設するプロジェクト。このプロジェクトはついに実現を見なかったが（Longchambon という署名で彼が書いた論文 "Sciences", 1958, を参照）、長い紆余曲折のすえ、当初の計画から縮小した形で、今日の名高い〈人間科学館〉〔高等研究院第六部門を基礎に、ロックフェラー財団の協力を得て一九六三年に創設された人文・社会科学の学際的な研究機関。ブローデルは一九七二年に引退するまで館長として君臨した〕が生まれた。またたとえば、一九七二―一九七三年の世界的な資本主義の危機の性格について、あるいは、欧州の未来とその統一計画について、この十年のあいだにさまざまなインタビューで表明されたきわめて独特かつ興味深い見解が例に挙げられる。

(13)　第二次世界大戦中、捕虜収容所で行なった講演のうちのひとつ、「世界の尺度としての歴史」のなかで、ブローデルはこう言っている。「深い地理学とは、空間において行なわれる社会の研究、より直接的な言い方をするなら、空間を通じて、空間を使って行なわれる社会の研究であって、〔……〕歴史が、その媒体である過去を使って行なう社会の研究であるのと同じです」Gemelli, *Fernand*, 1990, p. 48.

(14)　こうした試みと挫折についてはLepetit の論文 "Proposition" 1990. を参照。こうした企図にたいするルプティの批判に筆者は賛成するが、ここに示唆したブローデルの姿勢と結論にしたがって解釈する点で筆者はルプティと立場を異にする。われわれの立場により近いという意味で、"Beyond", 1989. と "Vers", 1985. におけるウォーラースティンの見解も参照のこと。

(15)　初版『地中海』とは一九四九年に出版された『地中海』の初版のこと。その後、とりわけ第二部が大幅に書き直されて、一九六六年に第二版が出版された。ブローデルの資本主義研究とは、一九七九年に出版された『物質文明・経済・資本主義　十五—十八世紀』だが、その第一巻は『物質文明と資本主義』というタイトルで、一九六七年、単独に刊行されている。フランス史は未完の企画。三巻予定の最初の二巻のみが『フランスのアイデンティティ』というタイトルで一九八六年に出版された。

(16)　フェルナン・ブローデルがマルク・ブロックの次の言葉を好んで口にしていたことを思い出してほしい。「フランス史など存在しない。存在するのはヨーロッパ史だけだ。」また別の機会にブローデルはこうも言っている。「唯一の真なる歴史は世界史である。」これについては例えば *Identité*, 1986, t.I, p.14. を参照。

(17)　『地中海』第二版においてブローデルは、その〈歴史地理学と決定論〉と題された頁を念入りに削除してしまった。初版の出版後、歴史地理学というタームにはどことなく〈ラッツェル風でドイツびいきの響き〉が感じられると言われたことが大きな理由だった。ブローデルはそう言われる可能性を払拭したかったのである。

(18)　フェルナン・ブローデル自身が物質文明に完全に明示的な概念を与えておらず、ことのついでに出した仮の概念といった感がある。この事実をぜひ強調しておきたい。ここでは、物質文明の概念にかんする一般的な見方をまとめるにとどめ、むしろ、歴史地理学と文明淘汰という概念に結びつけて論じることにしたい。これにかんしては、『物質文明』の序論および結論のほか、ブローデルの "Vie", 1961. および "Histoire", 1961 も見直すとよい。

(19)　例えば、"Ans" 1982. のインタビューを参照。フランス史にたいするブローデルの気がかりは、コレージュ・ド・フランスにおけるフランス史の講義にも、共同執筆の短いテクストにも、またエルネスト・ラブルースとの共同編集による仕事 *Histoire*, 1970-1976 やブローデルの執筆になる *L'Europe*, 1982 などにもはっきり表れている。

参考文献

Aguirre Rojas, Carlos Antonio., "Economía, escasez y sesgo productivista", *Boletín de Antropología Americana*, núm. 21, 1990. 〔カルロス・アントーニオ・アギーレ・ロハス、「経済、欠乏、生産本位主義者のバイアス」、『アメリカ人類学紀要』、第二一号、一九九〇年〕

——, "Hacer la historia, saber la historia : entre Marx y Braudel", *Cuadernos Políticos*, núm. 48. 1986. 〔「歴史をつくる、歴史を知る——マルクスとブローデルのあいだで」、『クワデルノス・ポリーティコス』、第四八号、一九八六年〕

Bouvier, Jean, "Marxisme : Sauver ce qui doit l'être", *Espaces Temps*, núm. 29, 1985. 〔ジャン・ブーヴィエ、「マルクス主義——そのしかるべきものを救う」、『エスパス・タン』、第二九号、一九八五年〕

Braudel, Fernand, "A manera de conclusión", *Cuadernos Políticos*, núm. 48, 1986. 〔フェルナン・ブローデル、「結論に代えて」、『クワデルノス・ポリーティコス』、第四八号、一九八六年〕

——, "Dérives à partir d'une œuvre incontournable", *le Monde*, 14 de marzo de 1983. 〔「避けて通れないひとつの作品から導き出されることども」、『ル・モンド』、一九八三年、三月十四日〕

——, "La civiltà è fatta a strati", *Corriere della Sera*, 6 de junio de 1982. 〔「文明は層を成している」、『コッリ

エーレ・デッラ・セーラ』、一九八二年、六月六日〕

――, "La larga duración", *La historia y las ciencias sociales*, Alianza Editorial, Madrid, 1968, pp.60-106. 〔「長期持続」、井上幸治編集・監訳、『フェルナン・ブローデル〔1902-1985〕』、新評論、一九八九年、一五一―一六八頁〕

――, "La última entrevista a Fernand Braudel", *Ensayos*, núm. 9, 1987. 〔「最後のインタビュー」、井上幸治編集・監訳、『フェルナン・ブローデル』、新評論、一九八九年、一八六―一九六頁〕

――, "Sul mare della 'lunga durata'", *Corriere della Sera*, 12 de deciembre de 1982. 〔「〈長期持続〉の海に向って」、『コッリエーレ・デッラ・セーラ』、一九八二年、十二月十二日〕

――, (Firma con el nombre de H. Longchambon) "Les sciences socials en France. Un plan, un programme", *Annales. Economies, Société, Civilisation*, año XIII, núm. 1, 1958. 〔H・ロンシャンボンという署名で、「フランスにおける社会科学――ひとつのプラン、ひとつのプログラム」、『アナール ESC』、第十三年度、第一号、一九五八年〕

――, *Civilización material y capitalismo*, Labor, Barcelona, 1974. 〔『物質文明と資本主義』、ラボール、バルセロナ、一九七四年〕

――, *Civilización material, economía y capitalismo, Siglos XV-XVIII*, Alianza Editorial, Madrid, 1984. 〔『物質文明・経済・資本主義』、村上光彦・山本淳一訳、みすず書房、一九八五―一九九九年〕

――, *Écrits sur l'histoire*, Flammarion, París, 1969. 〔『歴史学論集』、フラマリオン、パリ、一九六九年〕

――, et al., *L'Europe*, Arts et Métiers Graphiques, París, 1982. 〔『ヨーロッパ』、アール・ゼ・メチエ・グラフィック、パリ、一九八二年〕

――, *Identité de la France*, Flammarion, París, 1986, t.I. 〔『フランスのアイデンティティ』、第一巻、フラマリ

オン、パリ、一九八六年〕
——, *La historia y las ciencias sociales*, Alianza Editorial, Madrid, 1968.〔『歴史と社会科学』、アリアンサ・エディトリアル、マドリード、一九六八年〕
——, *La Méditerranée et le monde méditerranéen à l'époque de Philippe II,* Armand Colin, París, 1949 (reeditado en 1966).（*El Mediterráneo y el mundo mediterráneo en época de Felipe II*, Fondo de Cultura Económica, 2ª reimpresión de la 2ª edición en francés（1966）, México, 1987).〔『地中海』、浜名優美訳、藤原書店、一九九一—一九九五年〕
——, *Una lección de histoiria de Fernand Braudel*, Fondo de Cultura Económica, Mexico, 1989.〔『ブローデル、歴史を語る』、福井憲彦・松本雅弘訳、新曜社、一九八七年〕
——, "Histoire de la vie matérielle", *Annales. Economies, Sociétés, Civilisations,* año XVI, núm. 4, 1961.〔「物質生活の歴史」、『アナール ESC』、第十六年、第四号、一九六一年〕
——, "Les 80 ans du' Pape' des historiens", *L'histoire*, septiembre de 1982.〔「歴史学の〈法王〉の八〇年」、『イストワール』、一九八二年九月〕
——, "La vie matérielle et comportements biologiques", *Annales. Economies, Sociétés, Civilisations,* año XVI, núm.3, 1961.〔「物質生活と生物としての行動」、『アナール ESC』、第十六年度、第三号、一九六一年〕
——, y Ernest Labrousse, *Histoire économique et sociale de la France*, tomos I-IV, Presse Universitaire de France, París, 1970-1976.〔エルネスト・ラブルースとの共著、『フランス経済・社会史』、P.U.F.、一九七〇—一九七六年〕
Chesneaux, Jean, *¿Hacemos tabla rasa del pasado?*, Siglo XXI Editores. México, 1977.〔ジャン・シェノー、

『われわれは過去を白紙にできるのだろうか？』、二一世紀エディトーレス、メキシコ、一九七七年〕

Dosse, François, *L'histoire en miettes*, Découverte, París, 1987.〔フランソワ・ドス、『粉々になった歴史』、デクヴェルト、パリ、一九八七年〕

Fontana, Josep, "Ascens i decadencia de l'escola dels *Annales*", *Recerques*, núm. 4, 1974.〔ジョゼップ・フォンターナ、「『アナール』派の盛衰」、『レセルケス』第四号、一九七四年〕

Gemelli, Giuliana, *Fernand Braudel e l'Europa universale*, Marsilio Editori, Venecia, 1990.〔ジュリアーナ・ジェメッリ、『フェルナン・ブローデルと全ヨーロッパ』マルシリオ・エディトーリ、ヴェネツィア、一九九〇年〕

Kula, Witold, "Storia ed economia : La lunga durata", *La storia e le altre scienze sociali*, Laterza, Bari, 1974.〔ヴィトルド・クーラ、「歴史と経済——長期持続」、『歴史およびその他の社会科学』、ラテルツァ、バーリ、一九七四年〕

Lacoste, Yves, "Penser l'espace", *Magazine littéraire*, núm. 212, noviembre de 1984.〔イヴ・ラコスト、「空間を思考する」、『マガジン・リテレール』、第二一二号、一九八四年十一月〕

Le Goffe, Jacques, "Le changement dans la continuité", *Espaces Temps*, núms. 34/35, 1986.〔ジャック・ル＝ゴフ、「連続性のなかの変化」、『ブローデル帝国』浜名優美監訳、藤原書店、二〇〇〇年〕

Lepetit, Bernard, "Propositions pour une pratique restreinte de l'interdisciplinarité", *Revue de Synthèse*, serie IV, julio-septiembre de 1990.〔ベルナール・ルプティ、「学際性の制限されたプラティックのための提案」、『総合雑誌』、第四期シリーズ、一九九〇年六—九月〕

Ricœur, Paul, *Temps et Récit*, Seuil, París, 1983, tomo I.〔ポール・リクール、『時間と物語1——物語の時間性の循環・歴史と物語』、久米博訳、新曜社、一九八七年〕

Vilar, Pierre, "Historia marxista, historia en construcción", *Hacer la historia*, Laia, Barcelona, 1978, vol. I〔ピエール・ヴィラール、「マルクス主義による歴史、建設中の歴史」、『歴史をつくる』、ライア、バルセロナ、一九七八、第一巻〕

Vovelle, Michel, "L'histoire et la longue durée", *La nouvelle histoire*, Ed. Complexe, Bruselas, 1988.〔ミシェル・ヴォヴェル、「歴史と長期持続」、『新しい歴史』、エディシオン・コンプレックス、ブリュッセル、一九八八年〕

Wallerstein, Immanuel, "Braudel, los *Annalse* y la historiografía contemporánea", *Historias*, núm. 3, 1983.〔イマニュエル・ウォーラーステイン、「ブローデル、『アナール』、現代の歴史学」、『イストーリアス』、第三号、一九八三年〕

——, "Vers une recomposition des sciences sociales", *Espace Temps*, núm. 29, 1985.〔「社会科学の再構築に向けて」、『エスパス・タン』、第二九号、一九八五年〕

——, "Beyond *Annales*?", texto de la ponencia presentada en el Coloquio Internacional "Les Annales. Hier et Aujourd'hui", Moscú, 3-7 de octubre de 1989 (inedito).〔「『アナール』を越えて？」、国際シンポジウム「『アナール』その過去と現在」（モスクワ、一九八九年十月三―七日）における発表者のテクスト（未発表）〕

2 『地中海』の誕生

ルッジエロ・ロマーノ

生まれ、暮らしている場所とは無関係に地中海人になることはできる。地中海人としての性格は受け継がれるものではなく、身につけるものなのだ。それは獲得された気品であって、生まれながらの有利さではない。

プレドラグ・マトヴェイエーヴィチ著、『地中海——ある海の詩的考察』

〔沓掛良彦、土屋良二訳、平凡社、一九九七年、一三二頁。ただし一部改訳〕

『フェリペ二世時代の地中海と地中海世界』（一九四九年）はここ五十年間に得られた最も重要な書物のひとつである。私はそう言い続けてきました。その理由は二つあります。すなわち、（a）言うまでもなく、この本の歴史書としての条件であり（一九四九年このかた、これに肩をならべうる著作を私はただの一冊も目にしていません）（b）加えて、この本の著者がたんなる偉大な歴史家にとどまらないという二つの理由です。『地中海』の著者は一介の歴史家から出発して、歴史に立脚しながらも、同時に今世紀最大級の知識人になりました。[1] その着想が歴史以外の分野に影響を与えたという意味で、偉大な知識人でした。ブローデル流の仕事をする社会学者、地理学者、経済学者は（意識していない者まで含めれば）かなりの数にのぼります。そして、こうした着想の大部分は、まさにこの『地中海』に淵源すると見て間違いないと私は考えています。

したがって私の発表は二つの部分に分かれることになるでしょう。ひとつは、歴史学の著作としてこの書物自体が持っている重要性について。もうひとつは、フェルナン・ブローデルが自ら知的範囲を絶えず広げようとして探査を続けてきた独自の鉱脈の重要性についてです。おそらくこちらの話に比重がかかると思います。

歴史学としての『地中海』

まず最初にお若い方々に一言申し上げておきたいと思います。『地中海』をお読みになるとき、これが一九四九年に、つまり、いまから四二年前に出版された本だということをお忘れになってはいけません。当時この本で読み得たことのなかには、現在ひどく陳腐に見えるものがあるかもしれません。でも、それらが今日明白に見えるのは、他ならぬフェルナン・ブローデルのおかげなのです！

一九四九年当時、次のような考え方はちっとも陳腐ではありませんでした。「みなさん、二〇〇〇年このかた、いやそれ以前から、地中海は十六世紀初頭に死んだものとだれもが考えていましたが、じつは死んでなどいなかったんです」なんて、一九四九年においそれと言えると思いますか？　ところがフェルナン・ブローデルはそう断言した。断言しただけじゃなく証明した。しかももっと重要なことですが、証拠と資料と推論を駆使し、確固たる論証を以てこれを証明したわけです。バルセロナ、ナポリ、イスタンブール、ジェノヴァ、セビーリヤ、ラグーザ（ドゥブロヴニク）、アレッポその他どこでもいい、海の要衝（北ヨーロッパも含めて）にかんする本をどれでもいいから開いてごらんなさい。どれも、十六世紀の地中海が生き残ったということの考えをはなから（あまりに安直な場合も見受けられますが）受け入れていることがお分かりになると思います。

こうして地中海を一〇〇年以上にわたって（というのも、フェルナン・ブローデルにとって十六世紀は一六四〇年に終わるわけですから）復活させたことは、それだけでもじゅうぶん大きな功績と言えるかもしれません。しかし、そこにはこれにとどまらないものがあります。巨大さです。なにしろ、十九世紀の地中海を論じるにせよ、紀元前四世紀の地中海を論じるにせよ、地中海を扱うかぎり、一九四九年以降はブローデルの著作を考慮しないわけにいかなくなったわけですから。一九四九年以来、古代ギリシャの地中海であれ、現代の地中海であれ、この海洋空間は新しい方法で、すなわち「ブローデル方式」で分析しなければならなくなりました。いや、地中海だけではありません。いかなる海洋空間についてもこの見方は効力を発揮するのです。続くフレデリック・モーロ（大西洋）、ピエール・ショーニュ（大西洋と太平洋）、ヴィトリーノ・マガリャンエス・ゴディーニョ（インド洋）、ピエール・ジャンナン（バルト海）らの著作がそのことを如実に物語っています。

この新しい分析方法は概ね何に根拠を置いているのでしょうか？　これらの空間が、水という条件そのものに伴う限界、すなわち沿岸という限界の内ではもはや考察できず、陸地も含めた全体として考えたときにはじめて考察しうるという事実です。『地中海』の末尾に置かれた索引を思い出してください。ヴェネツィア、ジェノヴァ、イスタンブール、バルセロナなどが特権的な地名であり、引用回数もまた最多であることはもっともでしょう。しかしそこにはまた南部ドイツやリヨン、あるいはジュネーブにもかなりの言及がなされていることに気づかれると思います。

さまざまなテーマのなかには、たとえば島のようにいわば「自然な」な形で見いだせるものがあることはとうぜんです。ブローデルも島を無視することはできませんでした。ただ、興味深いのは、彼がこれらの主題から新しいヴィジョンを引き出して見せているところです。ブローデルにとって、島は海上のたんなる孤立した点ではありません。島は隔絶され、それぞれが自らのためだけに存在していると思われがちですが、じつはむしろ、交互に接近を繰り返すネットワークでもあるのです。ところが、こうして島の説明を読み、そのロジックを追ってゆくと、やがて別のテーマが現れてる。一見すると海という自然にはまったく属さないようなテーマが現れてくるのです。特に、いま私の脳裏に浮かぶのは砂漠の問題を論じたあの見事な頁です。あるいは、突飛さにかけてはいささか落ちるものの、山について論じた頁なども思い出します。

一九四九年にブローデルの本を読んだ、私と同世代の人間にとって（私自身は、一九四八年に校正刷りでいくつかのくだりを読む特権に浴しましたが）、それは「斬新な〔neuve〕」歴史の発見でした（「斬新な〔neuve〕」であってたんに「新しい〔nouvelle〕」ではありません。フランス語の neuve と nouvelle の間にある違いをスペイン語で表現できないのがたいへん残念です）*。いままでとは別のタイプの歴史、「別の」形の歴史の発見することに他ならなかった。

＊訳注　どうやら著者は neuve と nouvelle を取り違えている模様である。neuve は「生まれたての」「初々しい」「まだ使用されていない」といった意味、nouvelle は「初めて現れた」「今までにない」「革新的な」といった意味で用いられ、ちょうど「新車」と「新型車」の区別に対応する。

この点は強調しておきたいと思います。といっても、一九四九年以前に地中海について高い価値を有する本がなかったと言いたいのではありません。地中海全体を考察したものにせよ、特にある地域を扱ったものにせよ、かれこれ個別の問題を論じたものにせよ、高い価値を有する本がなかったわけではないのです。ヴィダル・ド・ラ・ブラーシュ、R・シオン、アルフレート・フィリップソン、クラインその他ドイツの博学たちの名をたやすく消し去ることなどできません。これらの著述家や、その他にも多くの人々(リュシアン・フェーヴル、ガストン・ループネル、マルク・ブロック、マクシミリアン・ソールその他)が、ブローデルの知的形成に貢献し、その思想を豊かにしたことは間違いない。これらの著述家がブローデルにとって重要であることは否定できませんし、そもそもブローデル自身がそのことを認めていました。

ブローデルの歴史学が「本当に新しい(neuve)」もの、「歴史学の別の(autre)形」になりえたとすれば、それは、彼がその並外れた総合力で、事実、状況、着想を織り合わせ、この織物からまったく新しい何物かを、「別の」、異なった歴史をうまく引き出すことができたからなのです。

私はこんな印象も持ちます。こうした総合力を可能にしているのはこれまた並外れた直感力ではないかと。ここで直感力というのは何かを想像する詩的な、あるいは文学的な能力ではなく(もっとも、この能力もかなりあるとは思いますが)、部分的、断片的な事実をもとに、全体の真実を浮かび上がらせる能力のことです。二つばかり例を見てみましょう。

ひとつめの例ですが、『地中海』を執筆しているときブローデルは、十五世紀末から十六世紀初頭にかけて地中海で行なわれていた香辛料貿易についてF・C・レインが書いた論文(2)を知りませんでした。にもかかわらずブローデルは、F・C・レインが綿密な調査研究の末に得たものと同じ結果、同じ結論に到達したのです。

ふたつめの例にはみなさんもっとびっくりなさると思います。ブローデルが自らに課していた大きな問題のひとつは、地中海域内の人口とそれが持つ影響力でした。その頃までにスペインやイタリアなどの人口統計史は、程度の差はあれ、概ね知られていましたが、オスマン帝国領内の人口となるとぽっかり欠落していました。そこでブローデルは、手許にあるばらばらのデータをもとに計算し、おそらくこの辺りだろうという数字を出したわけです。さてその後、五〇年代の中頃ですが、ひとりのトルコ人歴史家がパリにやってきました。イスタンブール大学で教鞭を執るオメル・ルトフィー・バルカン。オスマン帝国下の人口統計史が専門です。チームと共に、この分野において多岐にわたるきわめて貴重な調査を終えたところでした。このとき、ブローデルの計算がじつに正確だったことが明らかになったのです。

しかし、この直感力を軽薄さと勘違いなさらないようにお願いします。いちども強調されたことがありませんが、じつは、フェルナン・ブローデルはたいへんに学識の豊かな人でした。ただ他人の文章をしょっちゅう引用する癖があるので、翻訳者泣かせではありましたが（なにしろブローデルはあの無数のカードをいちいち全部照合していたわけではありませんから）。彼は細部の細部にいたるまで注意を怠りませんでした。いまでも思い出します。私たちはリヴォルノにかんする本を一緒に書いたのですが、[3] 二人とも港の場所を間違えていたんです。シフォルニ（イタリア沿岸）とシ＝フール（フランス沿岸）を間違えていました。このことが出版後まもなくして外部からの指摘で判明しましてね。ブローデルはそれはもうかんかんに怒りましたよ。

『地中海』第Ⅲ部を、出来事のみを扱う（evenementielle）歴史学にたいする反対宣言として考える向きがあります。これに反発して、出来事や特異な事実、あるいは例外を復活させようという無邪気な運動が起きましたが、[4] ここにはなにかとてつもなく大きな間違いがあると私は思います。第三部を書くのは退屈だとブローデルが言い切ったために、この間違いが続いてしまったという部分もないとはいえないのですが。そこで、事態をいまいちどきちんとした言葉で整理し直した方がいいのではないかと思います。ただその前に忘れないでいただきたい。ブローデルが極端とも、ときには行き過ぎともいえるような立場を取ったのは、まったく新しい歴史学を代表する第一の人物と見なされ、最初のころ猛烈な反撃に見舞われたからなのです。そして、過熱ぎみの論争からブローデルの行き過ぎた断定が生じたわけです。みなさんご存じのように、論争が自分本来の考えを越えて突っ走ることなどしょっちゅうありますから。

さてブローデルはほんとうに出来事の敵だったのでしょうか？　事実をまったく、あるいはほとんど区切りもせずにただ積み重ねてゆくだけの歴史にたいしては、たしかに敵でした。でも、それ以外の歴史にたいしてはどうだったのか？　ここでフェルナン・ブローデルが信じられないような記憶力の持ち主であったことを忘れてはいけません。テレビのクイズ番組なんかに出場したら毎回優勝していたでしょうね。百万ドルがかかった最後の問題にだって答えられたでしょう。みなさんが思い浮かべる国王と法王なら、ひとりのこらず生誕、即位、死去の年月日を知ってましたよ。そのいっぽうで、出来事の教育を学校から消せなんていちども言わなかった。それどころか、「まったく新しい」歴史は出来事の網というか出来事の枠組みの中にしか組み込めないことをよく弁えていました。そもそも、第Ⅲ部は書いてて退屈だったと断言したブローデルが、にもかかわらず七二一頁から一〇八七頁まで（なんと三六六頁！）書いたのは、ただスタイルのためだけ、博士論文の審査官の歓心を買うためだけだったと、みなさんは本当にお考えですか？　もしそうお考えの方がいるなら、その方はフェルナン・ブローデルという人間がまったく分かっていない。体制に節を屈したことなど生涯にただのいちどもなかった人ですよ。でも、その方は同時に、フェルナン・ブローデルの著作を注意深く読んでいないことを自ら暴露することにもなります。というのも、ブローデルにとって「出来事の」歴史とは「短く、急であり、神経質な揺れを持つ歴史である。定義上きわめて敏感であるから、どんなに些細な一歩といえども歴史のあらゆる測定器を危ういものにする。しかし、あるがままの歴史は、あらゆる歴史のなかで最も面白いものであり、人間性という点で最も豊かなもので」あるからです。とはいえ、すぐに続けてこう加えていますが。「〔それは〕また最も危険なものでもある。〔……〕いまだに注目を浴びているこのような歴史には警戒しよう。」〔邦訳、I二二頁、セレクション版①二二頁〕ブローデルは何ひとつ拒んでいません。あるのは慎重であろうという気持だけです。

いやそれどころか、「出来事、政治、人間」と題された第Ⅲ部の冒頭には、きわめて明快な一頁があって、問題の所在を明らかにしています。ブローデルは率直にこう認めています。

われわれの研究は、出来事の側面を脇によけていたら片手落ちになるだろう。それに、地中海という視点からこの側面を再度取り上げるのは取るに足らぬことだろうか？　政治史を論じても、今度は地中海をとりまくすべての国の個々さまざまな歴史を次から次へと足してゆくつもりなどない。

つまりここにはブローデルが拒否したタイプの〈出来事の〉歴史、「政治」史があります。しかし、それら個々の政治史が「お互いがどのように混じり合い、どのように反応しあっているかを観察する［……］」場合には歓迎され、「そしてこのオーケストレーションこそわれわれが聴こうとしてきた」（原著七二二頁）のです。出来事の側面がなくては研究が片手落ちになると言うブローデルの誠実さを証す明白な証拠がひとつあります。フェルナン・ブローデルが『地中海』を戦中の捕虜時代に書いたことはよく知られています。しかも、その後彼はこれをいちどならず、二度、三度、四度と書き直しました。作品に、とりわけ全体的な構成に最終的に「満足」したと宣言する一九四四年まで書き直したわけです。一九四四年四月二〇日（まだ捕虜収容所にいるときです）、ブローデルはリュシアン・フェーヴルに宛てて一通の葉書をしたためています。こんな文面です（以下の引用は、ブローデル夫人のご厚意によります）。

私のプランが、不動の歴史（地理的な枠）、全体の〈動き〉に相当する深層の歴史、出来事の歴史の三部に分かれることはご存じの通りです。ただその結果、全体が長くなりすぎないかという危惧が生じます。それなら、二部に凝縮する可能性は考えられないか？〔……〕まるで一五五〇年から一六〇〇年の地中海に起こった運命かなにかのように？　心の奥底で私はこうした切断に反対しています。

ここには問題の所在がはっきり現れています。切断という言葉は逆に、この三部が著者ブローデルのなかで一体を成していること、彼にとってはどのひとつも同じように大事であることを見事に反映しているのですから。
ジャック・ル・ゴフは、これとは反対に、こう主張しています。『地中海』においては、

政治史は第Ⅲ部のなかへと追いやられており、著作の頂点どころか、私に言わせ

ればほとんど無用の長物である。歴史の脊柱をなす政治史がここでは萎縮した、盲腸のような付属物になっている。いまやたんなる歴史の遺物にすぎないのである。(5)

第Ⅲ部全体を占め、そのうえ他の頁にまで広がった（たとえば第Ⅱ部で、帝国に割かれたかなりの頁）付属物とは、これまた奇妙な付属物があるものです。イヴ・ラコストとともに『地中海』において、論証を突き動かしているのは、結局、政治的変化の分析全体だと思う(6)」とまでは言わないにしても、私も『地中海』には明らかに政治的な次元が存在すると思います。それはそれとして、ジャック・ル・ゴフが、「政治的現実」の歴史であるような新しい（まだ目新しいもののひとつに過ぎない）政治史のために闘おうとしていることは間違いありません。しかし、ル・ゴフのこの本をよく読むと、例の「政治的現実」というものの水準が、権力とその象徴に他ならないことに気づきます。彼が唱道するこの考えに新しいところなどありません。カントロヴィチ、ウォーラス゠ハドリル、グラウス、ウルマン、ゴルスキ、イェーツら、私なんかよりル・ゴフの方がずっとよく知っている人々がずいぶん前に気づいていたことですが、まあそれは置くとしましょう。しかし、この考えからきわめて奇妙な文化帝国主義が帰結することにル・ゴフは気づくべきです。政治的現実を、政治史を、政治的現実の歴史をただひたすら権力とその表象の歴史に還元しようとする文化帝国主義が帰結することを！……

だからブローデルとしては出来事それ自体を拒否しているわけではまったくない。いやむしろ事実の単純な（あまりに単純な）連鎖だけで満足するなと彼は言っているんです。『地中海』中、レパントの海戦を扱った頁を繰り返しよく読んでみてください。フェルナン・ブローデルはこの海戦自体にほとんどなんの興味も持っていません。ブローデルが本当に興味を抱いて知ろうとしているのは、この海戦の後でオスマン帝国は（すでに揺るぎない伝統的な見解が主張するように）膝を屈するように敗北したのか？　それともむしろ（ブローデルが考えるように）、この海戦はスペイン側の勝ち戦であると同時に負け戦でもあったのではないか、ということです。この海戦の終わりにキプロス島が放棄されることになり、それで当時の人々はこれを「キプロス島の」戦争と呼んでいたわけですが、それでもオスマン帝国はその後も長いあいだ周囲に力を及ぼしています（これはまたフェルナン・ブローデルにとっても負け戦だったと言えるかもしれませんね。なにしろ高校の教科書はいまだにことごとくレパントの大勝利を謳っていて、海戦の全体的なバランスのことを忘れているんですから）。そのいっぽうで、レパントの海戦はブローデルにこんな疑問を抱かせました。たしかにスペインは地中海の一海戦では勝利を収めた。しかし同時に、これはおそらく、北ヨーロッパにおけるフランドルの海戦よりも負け戦だったんじゃないか、と。

要するに、フェルナン・ブローデルは「いまだに殺さなければならない死体である伝統的な政治史[7]」につねに反対していたのです。ブローデルならジャック・ル・ゴフのこの宣言に賛成したでしょう……ブローデル自身、この伝統的な政治史の命脈を断つことに貢献したわけですから。ジャック・ル・ゴフは、「権力の諸構造、その社会分析、その記号学、その研究に捧げられている[8]」がゆえに新しい政治史を提案しています。しかし私の印象だと、（記号論を別にすれば）ジャック・ル・ゴフのこのプログラムは『地中海』がすでに実現しています！　私の考えに間違えがなければ、フェルナン・ブローデルがさまざまな帝国について取り組んだ頁は、まさに政治的現実を好んで取り上げ、これを分析している見事な例です。しかもジャック・ル・ゴフが同じことをしたいと表明した三〇年も前に。

では『地中海』は完璧な著作ということになるのでしょうか？　あいにく、人文科学の分野に完璧な著作というものは存在しません。もっとも、人文科学の最大の魅力はこの不完全さにあるとは言えますが。さて、もし『地中海』（とりわけその第II部）になにかしら文句をつけなければならないとすれば、私としては次の事実に着目するだろうと思います。フェルナン・ブローデルは質的なことがらよりも量的なことがらに注意を向けていたという事実です。

ここで括弧を外さねばなりません。こう言ったからといってなにも私は数量歴史学と戦っているつもりはない。それどころか、数量歴史学がなければ歴史学はありえない（あるいはほとんどありえない）と私は考えてきましたし、いまでもそう考えております。つまり、記号学に基づいた歴史学をやろうとしたところで、研究しようとしている記号の頻度や回数を――多かれ少なかれ意識的に――分析する必要はでてくるだろう、ということです。たったの一回しか現れなかったら、その記号にはなんの意味もありませんから（あるいはせいぜい、たんなる突飛な例ということになる）。したがって数量的なものは必須の前提条件です。そしてこの意味でも、フェルナン・ブローデルは巨匠でした。しかし問題はむしろこういうことじゃないか？　もし研究している現象が多かれ少なかれ単純増加の局面にあるとき、いやさらには発展の局面――あまり好きなタームではありませんが――にあるとき、数量的なもの自体（表に示されたものであれ、暗黙の前提になっているものであれ）はわれわれに何も教えることはできないし、事実、何も教えてくれません。生産量のグラフ、公的財政のグラフ、その他なんでもいいのですが、こうしたグラフがどこまでも上昇する可能性はなるほどある。しかし、グラフは上昇しながらも、それと同時に、もし生産様式が旧態依然たるものにとどまっていたとしたら、分配構造が過去と同じもので、社会全体が古くさくなっていたとしたら、この上昇にたいした意味はないのです。その意味で、十六世紀地中海の効力が連続していることを証明してみせたことによって偉大な改革者であったフェルナン・ブローデルも、地中海という観点に立てば繁栄を誇っていた一五〇〇年から一六〇〇年までの年月のあいだにすでにして、後にこれらの国々を一介の歴史的客体という役どころに堕さしめる困難の芽が萌していたという事実をじゅうぶん力説していません。というのも、金を意のままに動かし富み栄えてゆく人間がいるときでさえ、商業や銀行業の内部に膨大な富が蓄積されてゆくときでさえ、歴史的客体にはなりうるからです。卑見によると、十六世紀の地中海は質的なレベルで変化を示していなかったと思います。たとえば同じ時期のイギリスには立証できるような（と私は考えていますが）質的な変化がなかったのです。

「知識人」の著作、『地中海』

以上、たんなる歴史書（これをそう呼べるなら）としての『地中海』についてお話ししてまいりました。しかし、この発表の冒頭で申し上げたとおり、『地中海』にはまた、ブローデルを偉大な歴史家ばかりでなく、今世紀の偉大な知識人にも成さしめた一連の中心概念、主導概念も〈アーモンド状に〔in nuce〕〉〔マルクスが『資本論』で使っている表現。一体化されて深く埋め込まれている状態を表す〕含まれています。この点についてこれからお話ししたいと思います。

『地中海』第I部が話題になるとき、きまって地理学が、地理学者としてのブローデルが強調されます。しかし、ブローデルにとって地理学とはなにかをきちんと問題にする人はめったにいません。ところがこれはかなりはっきりとした問題なのです。

以下の章（一章から五章）は地理学の章ではない。歴史学の章である。この本全体が歴史書だという意味で、歴史学の章である。これらの章は読者に次の事実を思い出してもらうことだけを意図している。すなわち、例によって同時代人が、そしてその後は歴史家が、最前列に、表舞台に押し出さなかったにもかかわらず、人間の歴史全体の背後には役者が存在していること、あんなに変わり身が速く、そのくせいつもあんなに抜け目がなく、あんなにきっぱりとしていて、介入してくるときには断固としたあの役者が存在していることである。この役者をどう名づければよいのだろうか？　空間、というのではあまりに物足りない。大地、というのでは曖昧だろう。地理的環境と呼んだらどうだろうか。（原著初版三頁、傍点強調は引用者）

つまり、ブローデルはいちどたりとも地理学者であったためしはないし、あろうとしたこともないのです。最近、ブローデルはかれこれの本、しかじかの論文を知らないといって批判する者がいましたが、(9) この意味で、むしろ批判した人物自らが凡人であることを暴露するはめに陥っただけです。

問題ははるかに複雑です。ブローデルが、彼いうところの「役者」、すなわち地理的環境を研究したのは、ひとえに、空間／時間の連接問題に心を砕いていたからです。そして、その意味において、フェルナン・ブローデルはヴィダル・ド・ラ・ブラーシュはおろか、親愛なる師リュシアン・フェーヴルさえも遥かに凌駕していました。リュシアン・フェーヴルとフェルナン・ブローデルの関係はいまでも話題になりますが、フェルナン・ブローデルが『地中海』において、リュシアン・フェーヴルの大著『大地と人類の進化』を無視している事実は強調されていません。「おそらく、自分の保護者と論争したくなくて、彼はこの重要な著書を知らないことにしたのだろう」とイヴ・ラコストは述べていますが、[10]私はこの意見に与しません。ブローデルにとってリュシアン・フェーヴルは保護者というよりも精神的な（知的な、というよりはむしろ精神的な）父親だったわけですから、当時は心理的な拒否反応があったと考える方がはるかに当たっているように思います。なぜなら、ブローデルは心の底で、ヴィダル・ド・ラ・ブラーシュを、いやリュシアン・フェーヴルさえも追い抜いて遥か先まで行きたいと思っていたはずですから。ヴィダル・ド・ラ・ブラーシュにもリュシアン・フェーヴルにも、空間／時間がどのように連接されているかという問題にたいする答えは見つけられなかったのです。

この連接はなにを意味するのでしょうか？　簡単な言葉に置き換えてみましょう。フェルナン・ブローデルは、たとえば地中海の航海が一定の季節的リズムに呼応している事実を確認します。この季節的リズムは気候の（とりわけ風の）変化に従っていて、これはほぼ永遠の昔から続いています。したがってここにはひとつの定数があるわけです。これがいわゆる危険な「ほとんど動かない歴史」です。しかし、一年のある時期にきまって一定の方向に風が吹き、そのために船の航行が（少なくとも蒸気船が登場するまでは）影響を受けるという事実が存在するのは、ブローデルの責任でしょうか？

この点にかんして、ブローデルの思想には地理的決定論が内在していると語られてきました。しかしそれは間違いです。彼はフォン・ラッツェルの説明を自分に適うよう、すでにかなり調整していただけではありません。地理的決定論を受け入れるには、人間（より正確に言えば、複数の具体的な人間たち）をあまりに信じていた。[11] いやそれ以上でした。そもそも、ブローデルがより急速な、「神経質」でさえある別の歴史も並行して分析しているというのに、彼の思想をなぜ「ほとんど動かない」歴史だけに限定するのでしょうか？　こう考えてくると、ブローデルを批判する人たちのなかには、彼の著作を一行たりとも読んだためしのない奴がいるのではないか、とつい訝りたくなってしまいます。でも、いちばんの大物を攻撃することで自分まで大物気分になろうとする小物がいつの世にもいるものです……

冗談はさておき、地理的だと言われるこの第I部には都市も姿を見せています。都市というか、「交通路と都市、都市と交通路」が。私の知るかぎり、都市と交通路は厳密な意味における地理的な事実ではありません（ヴィダル・ド・ラ・ブラーシュも『フランス地理一覧』のなかではいちども都市を語っていません！）。つまりこの章は、ブローデルの興味の所在が一都市ではなく、諸都市、すなわち、交通路でお互いに結ばれたときにはじめて存在する諸都市のネットワークにあることを示しています。

とはいえ、各都市は城壁に囲まれています。なるほどそうでしょう！　でも忘れないでください。城壁には門もあるのです。都市を城壁に還元する（いわゆる）新しい歴史家を怒らせないようにいたしましょう。(12) しかし、真に考慮に値するのは城壁ではなく門にあることを、ゆめ忘れてはいけません。

だから、フェルナン・ブローデルの「非ヴィダル的な地理概念(13)」を語ったイヴ・ラコストは間違っていなかったと思います。「超ヴィダル的」な地理概念とでも言うべきでしょうか。

そろそろ結論めいたことを言わなければなりませんね。少なくとも最初の結論くらいは。以上に述べてきたことが、さきほどらい申し上げているように、フェルナン・ブローデルをひとりの大歴史家である以上に偉大な知識人たらしめたわけですが、それはいったいどれほどの出来事だったのでしょうか？　それは、ブローデル以来、歴史家たちが（いや、歴史家ばかりでなく）二度とそれまでのようなやり方で時間と空間を語れなくなったということが〈事実〉であるほどの出来事だったのです（これがたんなる意見なんかではなく事実だということを強調しておきます）。フェルナン・ブローデルが複数の時間のひとつに政治的なものを組み込まなかったことは確かめられますし、私自身確かめたことがあります。[14]　しかし、歴史家の時間というものが存在しなくなったという事実は相変わらず残っている。このとき以来、つねに複数の時間を語る必要が生じたわけです！

歴史家が扱う基本的なこの範疇にブローデルが導入した革命は（a）不動の時間、（b）緩慢なリズムの時間、（c）短く、急な揺れの時間という有名な三分割にとどまるものではありません。[15]　しかし、この三分割は歴史学ばかりか、社会学、人類学、心理学、経済学の観察方法まで自ずと深く変えました。時間のような基本的な範疇の構造を変えてしまうなんて、疑いもなく偉大な知性のなせる技です。

しかしこれでは終わりません。ブローデルにとって基礎の問題はいっそう複雑だと先ほど申しました。その問題が空間／時間の連接の問題でした。ただ、空間／時間の問題がこのプロジェクトのなかで全面的にうまくいったかというと、私にはどうもそう思えませんが。とはいえ、その点を今ここで問題にするつもりはありません。本当に重要なのは、だれがこの問題を提起しえたのかということです。そこでひとつ例を挙げたいと思います。アレクサンダー・フォン・フンボルトの『ヌエバ・エスパーニャ王国にかんする政治的試論』(一八〇七—一八一一年)はだれもが知ってる本のひとつです。フンボルトは偉大な碩学で、私も四半世紀前から限りない称賛の気持ちを抱き続けてきました。歴史地理学を打ち立てたひとりであることに疑いはありません。ところがそのフンボルトを以てしてもこの本のなかで、地理的知識と歴史的知識を融合することができませんでした。ましてやこの本に二分野の結合や、統一、あるいは総合に出会えるわけではありません。ところがブローデルはこの総合に成功したのです。その意味で、(a)長期持続と(b)経済=世界という二つの概念に彼を導いた二つの相次ぐステップ、二つの契機を理解する必要があります。

すでに確立した一定の読みにおいて自明とされている前提とは反対に、ブローデルは歴史において複数の時間ばかりか、複数の空間も分離しました。この分離は「長期持続」にかんする論文と『物質文明・経済・資本主義』三巻本においてはるかにうまく理論化されていますが、すでに『地中海』から始まっています。つまり、『地中海』のなかにすでにしてブローデルのすべてがあるわけです。といっても、フェルナン・ブローデルが一九四九年以降、『地中海』の知的利子だけで生き延びたなどと言っているわけではありません。『地中海』第二版は、とりわけ第Ⅱ部にかんして言うなら、まったく新しい本と考えられる旨を私自身指摘したことがあります。[16] 私が言いたいのはつまり、ブローデルがその後の著作全体においてはるかに力強く、はるかに細かいところまで展開し、体系化し、理論化することになった着想の核心部が、『地中海』初版にすでに存在しているということなのです。だからこそブローデルは序文の冒頭から、「歴史と空間との」、つまり時間との、複数の時間との「永遠の結びつきを示し」たいと書いているわけです。

これはセンセーションを巻き起こそうとして書いた文句だ、あとになればどうせ忘れられるプログラムの予告にすぎないなんてお考えにならないでください。そんなことはありません。この本全体が以上二つの基本線の展開以外の何物でもないのですから。それに、時間の問題と空間の問題を分離してしまったら――これが始終起こるんですが――、『地中海』を、いやブローデルの著作全体をまったく理解できないおそれがでてくる。なぜなら、『物質文明・経済・資本主義』においても――『地中海』とは違う形ですが――空間／時間というこれら二つのレベルがまぎれもなく機能しているからです。[17]

ここでこう仰るかもしれません。「たしかに。だが、著作というものはそれ自体において存在するばかりではない。だれかがそれになにかしらの影響を受けたときにもまた（あるいはそのときにとりわけ？）存在するものだ」と。となれば、弟子の問題と後継者の問題（このふたつはまったく違った問題です）を考えないわけにはゆきません。

まず弟子から始めることにして、この語を定義いたしましょう。弟子とは最後に師の息の根を止める人間である、というプラトンの考えをそのまま受け入れることはできないにせよ、「たんなる太鼓持ち」は弟子の範疇から除外したいと思います。それどころか、良い弟子とは師の残した轍を行きながらも、別の轍、別の間道を見る能力のある者だと私は考えています。

ブローデルが『地中海』第二版となった「新たな本」（とりわけ第Ⅱ部）を書き得たのが、自身の才能によることは明らかだとしても、同時に、彼の「弟子」（トゥッチ、ダ・シウヴァ、ルイス・マルティーン、ケレンベンツ、サヒリオルス、スプーナー、エマール……思い出せませんが、他にもたくさんいます）の仕事もこれに与っていたこと（ブローデルがまっさきにそれを認めています）に思いをいたすだけでじゅうぶんだと思います。このリストに、地中海とは無関係な、あるいはほとんど無関係な分野においてブローデルから着想を得た弟子たち（ジャンナン、ショーニュ、モリノー……またしても思い出せませんが、その他にもまだいます）の仕事も加えましょう。だから、この世界は「たんなる太鼓持ち」ばかりで出来上がっているわけではありませんし、なかには反抗的な弟子すらいる。ただ、反抗的なことが大事なのではありません。本当に大事なのは、この弟子たちが同じひとつの母胎から生まれたという事実、他ならぬフェルナン・ブローデルという母胎から生まれたという事実です。

さて後継者に移りましょう。出版されるやいなや大へんな物議を醸した（そのうえ問題もある）ある本のなかでフランソワ・ドス[18]は、ブローデルの後継者の裏切りによって、歴史学がまもなく消滅しそうな危険が生じたと非難しました。裏切りがあったことは百パーセント確実です。そしてそれはブローデルにたいする裏切りであるばかりか、『アナール』そのものにたいする裏切りでもありました。現に今の『アナール』は、マルク・ブロック、リュシアン・フェーヴル、フェルナン・ブローデルの「栄光」に浴しているなどとはとても言えないような状態です（ブローデルこそが、『アナール』の精神を普及し、定着させるために最も尽力したことは疑いを得ないというのに）。なぜなら、実際、

『アナール』の遺産が逸脱した方向に受け継がれてしまったからです。

『アナール』の精神にたいする裏切り。ジョルジュ・デュビー（私はこの歴史家をかねがねあまり高く評価していません）は一九七三年に、

統一ヨーロッパの子供たちにむけて、事件史の桎梏から脱出するための長期の正当な闘いをしてきた歴史学の名のもとになされる授業のなかで、ブーヴィーヌの戦いの叙述は、なにをしようというのか。現在、戦闘は記憶から追放されている。それは、それなりに正しい。[19]

と書いておきながら、その何年か後には、この同じブーヴィーヌの戦闘〔一二一四年七月二七日、フランス王フィリップ二世が北フランスの一村落ブーヴィーヌで、イギリス王ジョンと結んだドイツ皇帝オットー四世、フランドル伯フェルディナンド、ブーローニュ伯ルノーの連合軍に決定的勝利をおさめた戦い〕を「真の戦闘」、「輝かしい勝利」[20]であったと書き、さらにはっきりと「ブーヴィーヌの戦闘は、私の著書の中心で紛れもなく基礎の役割を果たしている」[21]と書いているわけですから、これを裏切り以外のどんな言葉で呼べましょうか？　こうして、ひとつの

会戦が、その存在すらほぼ完全に忘れ去るべきもの、無きに等しい、つまらない出来事という地位に甘んずべきであることを証明したかと思うと、今度は、同じ戦闘を「基礎になるべき」出来事の現れとして称賛しているのです！　しかしこうした戦略的な裏切りよりいっそう深刻なのは、『アナール』のある種の精神〈ブロック、フェーヴル、ブローデルの精神〉が完全に消滅してしまったという事実です。その最初の徴候は、社会経済史にたいする激しい攻撃に現れました。この学問分野にたいして、まさに破壊的な怒りがぶつけられたのです。一九四九年に高等研究院でブローデルが創始した叢書は立ち消えになりました。じつは『アナール』は経済史にまったくと言っていいほど無知です。それで、産業革命以前の特集号で例外的に経済史を扱うことになったとき、結局確かめられたのは、フランスがこの分野で立ち後れているということだけでした。手持ちの大砲をことごとく「経済史の帝国主義」に打ち込むスポーツが大流行しました（二、三年前からやや大人しくはなっていますが、いまでも流行っています）。しかし帝国主義はまったく筋違いというものです。だって、「経済史の帝国主義を告発する人々」の大部分は、〈ブローデルが率いていたときに〉『アナール』に招聘され、高等研究院に選任された人たちなのですから。その一方でこの人たちは、『アナール』の創立者たちがあれほど高く評価した「トータルな」、あるいは「グローバルな」歴史も告発しているんです。でも、特定の歴史分野を除外するなんて、ひょっとしてそれも帝国主義じゃないでしょうか？

　空隙を作るのはいつだって簡単だが、空隙を埋めるのははるかに面倒だという事実から、不幸はやってきます。『アナール』の存在において新たな局面になりえたかもしれない着想を〈なにひとつ〉持ち合わせていなかったために、後継者たちが自らに課した仕事はいっそうやっかいなものでした。結局、歴史的省察の対象となるべきものを「組み立てる」より、「見つけだす」ことで満足してしまいます。最も安易な解決法はなんとしてでも新しいものに飛びつくというものでした。新しい小説、新しい映画、新しい批評、新しい貧民、新しい料理、カヴァイヨン〔メロンの名産地〕の新しいメロンの次は新しい歴史学[22]、最新流行の歴史学というわけです。しかしブローデル自身が言っていたように、流行を追い求めようとすると、そのことだけで満足せざるを得なくなってしまう。この新しい歴史学の中身ときたらじつに貧弱です。その例はいくらでもありますが、ひとつ挙げれば十分でしょう。自称新しい歴史学の傑作のひとつが民族歴史学《エスノヒストリー》でした。ところが民族歴史学の名のもとにどれだけの犯罪が犯されたことか！

他の支えがなくとも歴史科学の地位を保っていられるというのに、なぜ文化人類学の傘下に逃げ込もうとするのでしょうか？　たしかに、一見したところ、人類学に助けを求めることによって歴史学は陣地を広げられるように思えます。しかし、繰り返しますが、それはあくまでも見た目にすぎません。歴史学の研究〈方法〉がきわめて伝統的なままに止まっているからです。ところが、――こんなことは悠久の昔からわかりきっているはずですが――大事なのはその〈方法〉なんです。心性史、民族史、その他なんでも良い、仮にそういう新しい領域を云々できたとしても、これらのいわゆる新領域の研究〈方法〉がいままでと変わらなかったら、新しさなんてどこにあるでしょう？　フェルナン・ブローデルの歴史地理学が本当に新しかったのは、そのアプローチの〈方法〉が新しかったからです……

したがって、A・ビュルギエール氏が自らの歴史人口学の研究で、なぜレヴィ＝ストロースとその親族の基本構造をまぜかえすのか私にはさっぱり理解できません。十八世紀パリの石切場で、「クロード・レヴィ＝ストロースがいくつかの未開社会において突き止めた分類方法となんらかの関連がある分類方法[23]」に出会ったからといって、その一事を以てして歴史人類学が誕生したと思い込むことなんてとうていできない。この二つは研究方法が違うからです。本当に大事なのは、この「分類方法」が（もし保存されたとするならば）なぜ、どのようにして保存されたのかを知ることです——ところがビュルギエール氏はそこを無視している。フランスの歴史学が民族歴史学者をひとりも輩出しなかったなどと言うつもりはありません。そうでなかったことを証明するには、ナタン・ワシュテルの名を挙げれば十分でしょう。しかし、そのナタン・ワシュテルが——きっと民族史学のあの鼻持ちならないあざけりに疲れたのでしょう——素晴らしい最新著作[24]に「逆行的な歴史学」という副題を付けているのです。これは意味深長だと私は思います。

ここに、この自称「新しい」歴史学が『アナール』の精神とブローデルの教え[25]から遠ざかっていった様子が露呈されています。ブローデルの歴史地理学は漠然たる原理的要請などではありませんでした。歴史と地理という二つ（いやそれ以上）の学問分野から由来するさまざまな方法、仕事の仕方、論理が現実に合流し、その全体から現れた比類なく独特な何かだったのです。今日、この努力が顧みられることはなくなってしまいました。

みなさんは仰るかもしれません。じゃあフランスの歴史学は無に帰してしまったのかと。私の答えは、否。フランスの歴史学はまだまだ持ちこたえています。まず、新しい歴史学のなかにも重要な著作が存在する——たしかに数はごくわずかですが——ことは認めなければ公平さを欠くと思います。たとえばジャック・ル・ゴフの著作がそうです（とりわけ『煉獄の誕生』〔渡辺・内田訳、法政大学出版局〕がきわめて重要な本であることは間違いない。たとえ親愛なるジャックの意に反して民族歴史学らしさがまったく出てないにしても）。ただ、これだけではとても歴史学の全般にわたって重要な著作があるとはいえません。小さな礼拝堂に居るようなものです（たしかにそこには、ジャック・ル・ゴフの煉獄にかんする著作で語られているような、とても美しく珍しい彫像がいくつか存在しますが。ただそれでも小さい礼拝堂であることには変わりありません）。

にもかかわらず、フランスの歴史学はまだよく持ちこたえています。それは、マスコミには決して姿を見せないけれども、本当の意味で重要な人々業績に拠るものなのです。トゥベール、ブレスク、モリノー、ダグロン……といった名前が念頭に浮かびます。フランスの偉大な歴史家の名前です（もちろん、まだ他にもいますが）。しかも、魔法をかけたように、みなブローデルの残した轍を進む歴史家ばかりです。「たんなる太鼓持ち」でないことはもちろん、たとえばモリノーの場合のように、反抗的な弟子であったとしても。(26)

そこでこう問うことができるかもしれません。なぜマスコミはあるグループの歴史家ばかりに興味を持って、その他の歴史家たちを忘れてしまうのか、と。それはたんに、前者がメディアの介入を許し、マスコミに選ばれることを拒否しなかったのに、後者はその選択を潔しとしなかったからです。これは根も葉もない中傷でしょうか？　否。だって、『ル・ヌーヴェル・オプセルヴァトゥール』の編集長ジャン・ダニエルが自らこう語っているのですから。

現に『ル・ヌーヴェル・オプセルヴァトゥール』は創刊時からこのようなネットワークを張り巡らそうという計画があった。明らかに権力を行使するためでなく〔著者ルッジエロ・ロマーノはここに「よく言うよ！」と注を書き込んでいる――スペイン語訳者アギーレ・ロハスの注〕、ある考えを広め、その考えを通して、かつその考えのために、オーディエンスを獲得するためである。社会科学高等研究院のフランソワ・フュレの発想が実を結んで、ガリマール書店からピエール・ノラの人文科学叢書が出版されたが、これをヒットさせるためにわれわれも一肌脱ごうと決めていたことはまったくその通りである。ジャック・ジュリアール、アラン・トゥレーヌ、アンドレ・ビュルギエール、エドガール・モランらが中核を成す学派ではないにせよ、編集上の意見も一致し、和気あいあいと、知的な野心に溢れて仕事をしたおかげで、ついにはひとつのメディアが、ひとつのイデオロギー空間が創出されたこと、これもまたまったくその通りである——こうして事実をはっきりさせる機会に恵まれて私は嬉しい。なかでもジョルジュ・デュビー、エマニュエル・ル・ロワ・ラデュリ、ジャック・ル・ゴフがすでにその計り知れない才能を全面開花させていたのがその頃だったが、読者はまだ少なかった〔……〕『ル・ヌーヴェル・オプセルヴァトゥール』はこうした出会いの四つ辻であり、ときには、野心の跳躍台だった。こうして、取り柄のない他の人たちとの間に格差ができた。そこで、われわれが覇権を持ち、《『ル・ヌーヴェル・オプセルヴァトゥール』でその覇権をほしいままに濫用している》と告発する本が二冊書かれたのである。(27)」

実は、この「取り柄のない人たち」はいちどとして抗議しませんでした。件の二冊の本というのはルイス・ピントとレジス・ドブレの本で、「メディア」鶏舎内のたんなる口論以上のものではなかったのです。本当に取り柄のある人たちはそれにふさわしい己の仕事を続けました。『地中海』およびその著者との関係において正統なそして／あるいは異端な仕事を。

ということで、たんなる太鼓持ちではない弟子も、身勝手な後継者もこのさいどうでもいい。すると、われわれのもとには一冊の本、ひとりの人間だけが残ります。ここで認めることにしようではありませんか。フェルナン・ブローデル以来、歴史が別のものになったことを。新しくなったのではなく、「別のもの」になったことを！

*

発表後の追伸。以上の頁は「ブローデルと『アナール』とその他の人々」について大急ぎで描いた素描です。私は意図的に『地中海』初版に言及しました。ブローデルの「すべて」が（あるいは少なくともその核心が）この著作にあるという事実（あるいは私の印象）を強調したかったからです。

最後に一言。私は論争好きな性格で、売られた論争は喜んで買いますが、事実に基づいた正確でシンプルな論争であることが条件です。いささかけんか腰になることがお望みの場合、我が文書保管所から書類やカードを引っぱり出してこなければならないので、個人的には面倒ですが、その書類やカードは（一九四八年から一九六〇年にかかわることによって）ブローデルの文書保管所が襲われたあの悲しい運命には見舞われておりません。ものわかりの早い人に（刺客予備軍、およびそれらを差し向ける輩よ、よく聞きたまえ）これ以上の贅言は無用でしょう！

注

（1）拙論 "Fernand", *I protagonisti del XX secolo*, 1981, pp.497-524 をご参照いただきたい。フェルナン・ブローデルが二十世紀のまさに「立役者」としていかに重要な役割を果たしたか、すでに重ねて力説している。
（2）Lane, "Mediterranean", 1940. 参照。
（3）Braudel y Romano, *Navires*, 1951.
（4）たとえば Nora, "Retour", 1974.
（5）Le Goff, "Histoire" 1985. p.337.
（6）Lacoste, "Braudel", 1988, p.205.
（7）Le Goffe, "Histoire", 1985 p.348.〔ただし、フランス語原文では引用のような名詞句ではなく、「伝統的な政治史は、いまだに殺さなければならない」という文の形になっている。〕
（8）Ibid.
（9）文化的な点からは凡庸な、人文的なペギーの論文 "Univers" pp.77-82. を見よ。
（10）Lacoste, "Braudel", 1988 p.191.

（11）この点についてては私の書いた *Méditerranée*, 1955 をご参照いただきたい。

（12）「港〔puertos〕」と「門〔puertas〕」は同じ守護神ポルトゥーヌス〔Portunus〕を頂いていたことを思い出す必要があるのではないか？　Dumézil, "Ports", 1975, pp.38-41. 参照。

（13）Lacoste, "Braudel", 1988, pp.189. さらに Dumézil, "Ports", 1975. 参照。

（14）Romano, *Méditerranée*, 1955.

（15）時間の三分割のなかで、短い時間（すなわち出来事の時間）だけが他の二つの時間に連接されていないと、ブローデルにたいして批判がなされた。しかしこれは皮相な見方である。というのも、ブローデルにとって「出来事は構造によって、そして変動局面によって産み出される」からである。Pomian, *Ordre*, 1984, p.87. を参照のこと。しばしば忘れられがちだが、フェルナン・ブローデルは孤立した出来事には反対の立場を取っていても、彼の思考のなかでは出来事の〈反復〉は存在しており、その反復が出来事を歴史の立派な主体に押し上げている。その一方で、ブローデルの視点に立てば、出来事は、構造や変動局面の中に置き直されないかぎりそれ以上の意味は持たない。歴史、文明、経済、社会など、近東のすべてにわたって無知な人間に、湾岸戦争が何かしら意味を持つとお思いだろうか？　同様に、『地中海』の第Ⅲ部は、先立つ二部をきちんと消化吸収できた人しかその十全な意味を汲み取ることができない。

（16）Dumézil, "Ports", 1975. のフランス語版「あとがき」参照。

（17）この点についは Fourquet, "Nouvel", 1988, p.74 参照。ここでは以下のように完全に納得のゆく主張をしている。「一見そう見えないにもかかわらず、フェルナン・ブローデルの方法は革命的である。その方法は、われわれの世界〈観〉(この語の厳密な意味において)を、すなわち、空間と時間についてわれわれが抱く心的表象の共通の枠組みを、根底から変えた。『地理歴史学』という慎ましい野心の下に、空間と時間にたいしてわたしたちが〈アプリオリに〉抱く感覚形式の拡張が隠されているのである。ブローデルが提案し、ねばり強く発展させた比類ない概念は、まさに時＝空間に関連するもの、『経済＝世界』と『長期持続』である。ブローデルは新たな時＝空間を創出したのだ。」

(18) Dosse, *Miettes*, 1987.

(19) Duby, *Dimanche*, 1973, p.231.〔邦訳二七六頁〕。

(20) 「歴史家たちは気が狂ってしまった」、『リベラシオン』、一九八九年一月二八日。ドスの引用による。

(21) 一九八七年十一月十三日に放送されたテレビ番組「アポストロフ」で(番組の録音カセットを提供くださった友人J・ルヴィソンに謝意を表します)。

(22) パリではなにもかもが新しい。以下にオジェの美しくも愉快な頁を引用しよう。Augé, *Traversée*, 1985, p.56.『新しい乞食』とは数日前、ある週刊誌の見出しに踊っていたタイトルだ。近代化の脅迫観念に取り憑かれたわが国フランスは、新しさにたいする崇拝を異様に発達させてきた。まったく狂気の沙汰である。だが正しく言おう。この新しさはボジョレヌーヴォーのように反復する。民族学者なら時間の周期的な概念とでも言うにちがいないが、まあそんなことはどうでもよい。いまこうして眼前にある広告ですら、この先どっちの方向へ行くのかよく知っている。よく売れる製品は、年も経たないうちにことごとく一新される。

ズボンにせよ、洗剤にせよ、ブラジャーにせよ、たとえば私がいま眺めている、なるほど眼を引く製品にせよ……。つまり、進歩はその歩みを止めることがない。つねにいっそう完璧で、いっそう人を惹きつける力があり、いっそう高く、いっそう老練なものになりまさってゆくのである。コメディアンのコリューシュがある寸劇でこう言っている。『今度のオモ〔洗剤の商品名〕の方が白くなるんなら、前のオモはいったいなんだったんだよ？』つまりマルク・オジェは（コリューシュと同様）、こうした古典的商品と新商品を識別することがまだできなかったのだ。「新時代の歴史意識のための新商品」というものが存在することを、みなさんどうかご理解いただきたい。この新商品のつくり方はいたって簡単だ。まず古い自伝を用意する。次にこの自伝に自分史という新しい名前を授ける。これで新商品のできあがり。P. Nora, *Ego-histoire*, 1987, p.5の「序文」でこれを作った手品師がピエール・ノラだった。この点についてはピエール・ブルデューの正鵠を射た意見をご参照いただきたい。P. Bourdieu, “Aspirant”, 1989, p.15. ブルデューはこう言っている。「恵まれた大学人に歴史などなく、したがって、歴史のない人生をそれなりの方法もないままに発見してくれと大学人に頼んだところで、彼らにとっても、また歴史にとっても、なんの利益にもならないことは必定である。」また、二十二頁の注12もご参照あれ。自分史は〈マーケティング〉のためのラベル、たんなる出版社の一事業に他ならず、それを本だとは、いや本のイミテーションだとすら言えないとブルデューは書いている。

(23) Burguière, “Anthropologie”, 1978, p.58. このテーマにかんするさらに細かい点については、Romano, “Histoire”, 1986, pp.295-302. を参照。

(24) Wachtel, *Retour*, 1990.
(25) ここにリュシアン・フェーヴルの教えも加えるべきかもしれない。この二人（フェルナン・ブローデルとリュシアン・フェーヴル）の名は、今では、『アナール』開祖のメンバーリストから外され、すっかりどこかに隠匿されている（スターリンはまだ死んでいない！）。残ったのはマルク・ブロックだけ。でもみなさんご安心を。マルク・ブロックのすべてではなく、『王の奇跡』（『王の奇跡——王権の超自然的性格に関する研究／特にフランスとイギリスの場合』、井上泰男、渡邊昌美共訳、刀水書房）を書いたマルク・ブロックだけ。フランスの農村構造を扱うマルク・ブロック、貨幣史と経済史一般にかかわる諸問題を扱うマルク・ブロック、つまり別のマルク・ブロックはといえば、こちらも箪笥に仕舞い込まれている。つまり、残ったのは去勢されたマルク・ブロックだけなのだ。
(26) この問題については Morineau, “Grand”, 1988, pp.25-26. の二頁を参照。M・モリノーが独立を主張し、ブローデルがそれをいかに受け入れたかについて書かれたとても美しい二頁である。フェルナン・ブローデルは、たんなる太鼓持ちより、自分の立場をしっかり持った気骨ある人間をつねに好んでいた。
(27) Daniel, “Avant-propos”, 1988, p.9. 強調は引用者。

参考文献

Augé, Marc, *La Traversée du Luxembourg*, Hachette, París, 1985.〔マルク・オジェ、『リュクサンブール横断』、アシェット、パリ、一九八五年〕

Aymard, Maurice et al., *Lire Braudel*, Découverte, París, 1988.〔モーリス・エマール他、『ブローデルを読む』、デクヴェルト、パリ、一九八八年（藤原書店近刊）〕

Bourdieu, Pierre, "Aspirant philosophe", *Les enjeux philosophiques des années '50* (Christian Decamps [ed.]), Centre Georges Pompidou, París, 1989.〔ピエール・ブルデュー、「哲学者候補生」、『五〇年代の哲学的争点』、ジョルジュ・ポンピドゥー・センター、パリ、一九八九年〕

Braudel, Fernand y Ruggiero Romano, *Navires et marchandises à l'entrée du port de Livourne (1547-1611)*, Armand Colin. París, 1951.〔フェルナン・ブローデルとルッジエロ・ロマーノ、『リヴォルノ港に入港した船舶と積荷（一五四七―一六一一年）』、アルマン・コラン、パリ、一九五一年〕

Burguière, André, "L'anthropologie historique", J. Le Goff, R. Chartier, J. Revel (comps). *La nouvelle histoire*, Retz-C.E.P.L, París, 1978.〔アンドレ・ビュルギエール、「歴史人類学」、ジャック・ル・ゴフ、ロジェ・シャルチエ、ジャック・ルヴェル他、『新しい歴史』Retz-C.E.P.L、パリ、一九八九年〕

Daniel, Jean, "Avant-propos", *Documents Observateur,* núm. 1, (*La mediaklatura. Le nouveau pouvoir culturel*), Nouvel observateur du monde, París, s.f. (pero publicado en 1988).〔ジャン・ダニエル、「前書

き」、『オプセルヴァトゥール資料』、第一号（『ラ・メディアクラトゥーラ——新たなる文化権力』）、ヌーヴェル・オプセルヴァトゥール・デュ・モンド、パリ、一九八八年〕

Dosse, François, *L'histoire en miettes.*, Découverte, París, 1987 (*La historia en migajas*, Alfons El Magnanim, Valencia. 1988.)〔フランソワ・ドス、『粉々になった歴史』、デクヴェルト、パリ、一九八七年〕

Duby, Georges, *Le Dimanche de Bouvines*, Gallimard, París, 1973.〔ジョルジュ・デュビー、『ブーヴィーヌの戦い——中世フランスの事件と伝説』、村松剛訳、平凡社、一九九二年〕

Dumézil, Georges, "Ports et portes", *Fêtes romaines d'été et d'automne*, Gallimard, París, 1975.〔ジョルジュ・デュメジル、「ports〔扉〕とportes〔港〕」、『ローマの祭——夏と秋』、大橋寿美子訳、法政大学出版局〕

Fourquet, Fançois., "Un nouvel espace-temps", Maurice Aymard et al., *Lire Braudel*, Découverte, París, 1988.〔フランソワ・フールケ、「新たなる時–空」、モーリス・エマール他、『ブローデルを読む』、デクヴェルト、パリ、一九八八年（藤原書店近刊）〕

Lacoste, Yves., "Braudel géographe", Maurice Aymard et al., *Lire Braudel*, Découverte, París, 1988.〔イヴ・ラコスト、「地理学者ブローデル」、モーリス・エマール他、『ブローデルを読む』、デクヴェルト、パリ、一九八八年（藤原書店近刊）〕

Lane, Frederic Chapin, "The Mediterranean spice trade : further evidence of its revival in the sixteenth century", *American Historical Review*, vol.XLV, 1940.〔フレデリック・チャピン・レーン、「地中海の香辛料貿易——十六世紀におけるその復活のさらなる証拠」、『アメリカン・ヒストリカル・レビュー』、第六五号、一九四〇年〕

Le Goff, Jacques, "L'histoire politique serait-elle toujours l'épine dorsale de l'histoire?", Jacques Le Goff,

L'imaginaire médieval, Gallimard, París, 1985.〔ジャック・ル・ゴフ、「政治史は歴史にとってつねに脊柱か?」、ジャック・ル・ゴフ、『中世の想像的領域』、ガリマール、パリ、一九八五年〕

Morineau, Michel, "Un grand dessein: civilisation matérielle, économie et capitalisme (XVe-XVIIIe siècle)", Maurice Aymard et al., *Lire Braudel*, Découverte, París, 1988.〔ミシェル・モリノー、「一大構想――物質文明、経済、資本主義(十五―十八世紀)」、モーリス・エマール他、『ブローデルを読む』、デクヴェルト、パリ、一九八八年(藤原書店近刊)〕

Nora, Pierre (comp.), *Essais d'ego-histoire*, Gallimard, París, 1987.〔ピエール・ノラ他、『自分史試論』、ガリマール、パリ、一九八七年〕

――, "Le retour de l'évènement", Jacques le Goff y Pierre Nora (comps), *Faire de l'hitoire*, Gallimard, París. 1974. vol. I.〔「出来事の回帰」、ジャック・ル・ゴフ、ピエール・ノラ他、『歴史をつくる』、ガリマール、パリ、一九七四年、第一巻〕

Péguy, Charles-Pierre, "L'univers géographique de Fernand Braudel", *Espaces Temps*, núms. 34-35.〔シャルル=ピエール・ペギー、「フェルナン・ブローデルの地理的宇宙」、『ブローデル帝国』、浜名優美監訳、藤原書店、二〇〇〇年〕

Pomian , Krzysztof, *L'ordre du temps*, Gallimard, París, 1984.〔クシシトフ・ポミアン、『時間の秩序』、ガリマール、パリ、一九八四年〕

Romano, Ruggiero, "Histoire, anthropologie, folklore" *Economies méditerranéennes. Equilibres et Intercommunications. Actes du IIe Colloque Internationale d'Histoire* (Atenas, 18-25 de septiembre de 1983) Atenas, 1986, vol.III.〔ルッジエロ・ロマーノ、「歴史、人類学、民俗学」、『地中海経済 均衡と相互交流 第二回国際歴

史学会シンポジウム記録』（アテネ、一九八三年九月十八―二十五日）、アテネ、一九八六年、第三巻〕

――, (comp.) *I protagonisti del XX secolo*, *Milán*, *1981*, vol.XV. 〔ルッジエロ・ロマーノ他、『二〇世紀の立役者たち』、ミラノ、一九八一年、第一五巻〕

――, "Reseña : La Méditerranée...", *Rivista Storica Italiana*, vol.LXVII, 1955. (Traducción francesa en *Cahiers Vilfredo Pareto. Revue Européenne d'Histoire des Sciences Sociales*, vol.XV, 1968). 〔「書評――『地中海』」、『リヴィスタ・ストーリカ・イタリアーナ』、第六七号、一九五五年（フランス語訳は『カイエ・ヴィルフレド・パレート　社会科学史のヨーロッパ雑誌』、第一五号、一九六八年）〕

Wachtel, Nathan, *Le retour des ancêtres. Essai d'histoire régressive*, Gallimard, París. 1990. 〔ナタン・ワシュテル、『先祖への回帰　逆行的な歴史学試論』、ガリマール、パリ、一九九〇年〕

3　ブローデルとマルクス

ボリーバル・エチェベリーア

それは、みずからが、地域と通りによって異なることを、だがとりわけ四季と気候によって区別できることを夢見ている。

ヴァルター・ベンヤミン

めまぐるしく変化するここ百年の歴史によって、いやそればかりか、言語と文化の境界線によってもかなり隔てられている二人の人物。歴史的現実にかんする理性的な思索の歴史において決定的に重要な二人の人物。彼らがある事柄を論じています。どうやら同じひとつの対象を構成しているその事柄とは、資本主義です。マルクスが『資本論』の草稿を執筆していたのが前世紀の六〇年代、フェルナン・ブローデルが『物質文明・経済・資本主義』を書き終えたのが今世紀の七〇年代でした。

ところが、ブローデルが「資本主義」に抱いていた概念と、マルクスが「資本主義的生産様式」にかんして著作のなかで述べている資本主義概念を比較したいという気持に屈服すると(その気持ちはとてもよく分かります)、魂をふたつに引き裂かれるような落ちつかない気持ちになり、これをなかなか抑えることができません。それは、同じ資料を読んでいて、あるときには、これら二つの考えが、細部の違いにもかかわらず明らかに似ている、いや完全に同じものだとしか思えないのに、またあるときにはその反対に、こうした明瞭な類似の下から、完全な不一致とまでは言わなくとも深い違いが現れてくるのはなぜだろうか、という違和感です。

資本主義という歴史的現実を理解するこれら二人のアプローチに存在する明らかさまな違いを強調してもたいした意味はありません。たかだかマルクスの仕事とブローデルの著作の対蹠的な特徴というあたりに帰着するのがせきのやまです。マルクスの仕事は十九世紀近代社会における経済の形成作用を深く規定する法則を洞察しようとしたのにたいし、ブローデルの著作は、十八世紀まで展開した近代経済史のドラマのシナリオおよびそこにおいて中心的な役割を演じた人物と出来事を完全に蘇らせようという試みだったわけですから。なるほどここで問題になっているのは、ある歴史的現実が存在しうるために必要な条件を探ろうとする考え方と、歴史上実際に起こった出来事自体の首尾一貫した報告書を作成しようとする考え方の違いにすぎません。

こうした違いがどれほど目立つものであろうとも――最初この違いはジャンルとか学問分野の違いにすぎないように見えます――、マルクスとブローデルが始動させた二つの資本主義概念のあいだに大きな類似点があることは否定できません。両者が言及し、それぞれのやり方で論じている資本主義というこの実体には、二人にとって共通の何かがある。その何かとは、資本主義が近代社会の生活において中心的な要素、つまり、近代社会の生活を構成するうえで不可欠かつ支配的な要素だということです。お互いに逆の方向から見てはいても、全体としてひとつの一致点がある。それは両者いずれも、資本主義という事実の作用が人間の日常生活に作用を与えており、それがおびただしい数の個物にたいする評価、しかも細部にわたる評価のなかに具現していると考える点です。

こうした資本主義の具体的な現実にたいする評価の一致は、これよりはるかに抽象度の高い、方法論的な性格を持った概念においてもゆるぎなく維持されていることをつけ加えておかなければならないでしょう。ここでは重要な一致点を二つばかり取り上げたいと思います。ひとつめの一致点は、歴史的な出来事においてはさまざまに異なる差異的な時間性を考えることが有効であり、緩慢な時間性に導かれる諸現象には歴史を決定する力があって、それらの諸現象は永続的な性格、「長期持続」的な性格を保持しているという主張です。何世紀にもわたる舞台で展開する歴史ドラマがあり、何千年も前から途切れることなく繰り返し新たな幕を上げ続ける歴史ドラマがありました。ブローデルはすでに古典となった地中海と地中海世界にかんする本のなかで、こうした歴史ドラマの存在を現代の歴史家のために発見してみせましたが——理論化は方法論的なテクストでなされています——マルクスもまたこのことに気づいており、きちんと考慮に入れていたのです。西洋の美的趣味の「ほとんど動かない」歴史や、有史以来千年オーダーのサイクルで変わってきた富の所有形態の枠組みについてマルクスが行なった有名な主張を思い出してみるだけで十分でしょう。ふたつめの一致点は方法論的なもので、ひとつめの一致点とはだいぶ質を異にしますが、それと密接かつ複雑に関係しています。すなわち、両者とも、歴史世界を決定する層や次元は多様であり、構造化されたその多様性は、まさに物質＝経済的な層（マルクス）あるいは次元（ブローデル）から始まると考えているのです。マルクスは『経済学批判要綱』の序文で、社会における経済的な層が最終的な審級として他の審級に決定的な力を及ぼすという有名な「経済主義」〔economicismo〕を唱えていますが、この「経済主義」は、ブローデルが第三の著作で表明した意見にも、むしろいっそう強く響いています。物質＝経済という「観測所」のおかげで、世界史のさまざまな局面を一望に見渡すことができるとブローデルは言うわけです。

私の発表の目標は、バランスシートすなわち一致点の最終的な収支決算表を釣り合わせ、なるべく両者の相違点を減らすことによって安寧の境地に達しよう、というものではありません。いやそれどころか、分裂の居心地悪さに踏みとどまって、類似点を相違点と突き合わせてみたいのです。「資本主義」というテーマをめぐってブローデルとマルクスに対話をさせ、二人の間に議論を巻き起こそう、これが私の目論見です。おそらく結論は出ないでしょう。それでも今日なお、なにかに資するところはあると思います。

この架空の対話にかんして二点、以下に手短なアプローチを試みたいと思います。第一点はきわめて一般的なことがらです。マルクスとブローデルにおいてわれわれが出会う二つの資本主義概念をそもそも比較などできるのか、これを検討しなければなりません。第二点はより特殊なことがら、すなわち、資本主義固有の領域にかんするブローデルの主張をめぐる問題です。ブローデルはマルクスによって定式化された主張に真っ向から反対しました。マルクスは資本主義に固有の領域が「生産である」と言うのにたいし、ブローデルは「流通である」と言うからです。

二人の資本主義概念は比較可能なのか

ではまず第一点から。特定のテーマを追究しないどころかあえて避けようとするふたつの考え方のあいだに、そのテーマをめぐって、信憑性のある、つまり有効な架空の対話を設定するためには、まず、いずれの考え方にも存在する共通かつ同質の概念区域を見つけだすこと、すなわち、両思考法の一致点と相違点をはっきり示す場となる理論領域を最大限の近似値で見つけだすことがどうしても必要になってきます。私の理解によれば、資本主義というテーマについて議論すべく召喚されたマルクスとブローデルは、方法上決定的に重要なこの召喚状を満足させられる概念領域をなにひとつ共有していません。両者とも理論の対象とする範囲を画定できることくらいがせきのやまです。ところが、それぞれの考え方が、資本主義を語るために必要な相関物として現実の輪郭を描き始めたとたんに二人の意見は一致する。マルクスもブローデルも、歴史的存在としての資本主義的現実を、三重に層を成した存在、経験の三つの水準において生起し知覚しうる存在として認める必要があると言うからです。

ブローデルの考え方はマルクスの考え方とまったく無関係に生じているわけですから、こうした対応関係があること自体に驚きを覚えますが、両者の考え方はいずれも、互いに異なる自律的なこれら三つの適法性の複雑な相互作用を考えることによってのみ――これらの適法性は時間の流れに沿って次々と析出された後、今では同時に存在しています――、近代資本主義社会の生活場面で起こる経済的な出来事を統一する必然的あるいは論理的な現実の全体像を得られると考えており、マルクスのテクストでそれなりに規定・命名された三つの適法性あるいは三つの必然性が、ブローデルの著作においてもまったく同等な規定および命名を与えられているのです。一九七九年の著作『物質文明・経済・資本主義』でブローデルは、タイトルの三分割に執着することによって、彼自身何かを訴えようとしていますが、私がお話ししているのもまさにその点です。すなわち、まず最初に「物質文明」に発する重力があり、そこを出発点として発達する「商業経済」に由来する重力が二番目に来て、第三には商業的な関係が形成する世界のうえに立ち上がるとりわけ資本主義的な力学に起因する重力が来る。こうした重力の独特な組み合わせがなければ、資本主義に支配されているという事実を以てしてわれわれが一般に資本主義社会と呼び慣わしている近代の経済生活は、今のような姿を顕わさなかったにちがいありません。それ以後、同じ内容を語るさい繰り返し行なうことになりますが、自らの著作に選んだタイトルにブローデルが込めた主張とはまさに以上のようなものだったのです。この主張は、私の見るところ、マルクスの良く知られた公理によく似ています。社会的な富の再生産の資本主義的形態のみが、こうした富の現実存在における三つの水準を切り結ぶ複雑な現実の形態として説明しうるという公理、すなわち商品の生産／消費という中間的な水準は、上位の水準、つまり資本主義的剰余価値の生産／消費に――第二度の「包摂」として――従属し、この水準自体がまたもうひとつ別の水準に、つまり「社会＝自然的」な形態における物的生産／消費という基礎的水準に――第二の包摂が重ねられる第一度の包摂として――従属しているという公理です。

したがって、資本主義の扱いにおいてマルクスとブローデルに共通する概念の領域は、二人に共通する考え方にこそ存するのであって、その考え方によれば、商業的なものにせよ、前商業的なものにせよ、財の生産、流通、消費をめぐって人類が近代資本主義以前に取っていた振る舞いを否定することによって近代資本主義経済の振る舞いが打ち立てられたわけではありません。いやそれどころか、複雑な近代資本主義経済の全体が、まさに、これら以前の振る舞いの持続的な相互作用の上に成り立っていることになるのです。資本主義以前の振る舞いは、歴史的には資本主義に先行しているとはいえ、その後も依然として命脈を保ち、資本主義に従属はしていても、それ特有の規範性を失わず、はっきりと表に現れることは少なくとも、決定的な力を及ぼしています。資本主義世界の経済は、それ固有の歴史的比重に加えて、対立するもうひとつの歴史的比重を、つまり、資本主義経済に拮抗する稠密さを保った歴史的比重、商業経済と「自然経済」の関係から現れた歴史的比重を取り込むわけです。

マルクスとブローデル、両者の主張はよく似ています。いずれもが文明の零度から出発している。人類が実際に取る振る舞いは、それが人類そのものについてであれ、人類が発達する環境についてであれ、一致して暗黙のうちにいくつかの基本定義を指向しています。人類が地上で生存しうるためには、それに必要な様態もしくは形態を素描する生き残り戦略がそもそもあったわけですが、この基本定義は、その生き残り戦略を原形的な論理に凝縮したようなものだと言ってよいでしょう。近代に入って「自然的なもの」と呼ばれるようになった対象を加工したり、それと対話＝決闘するなかで、人類は自らを「人間的なもの」と呼ぶようになりましたが、それを初めて打ち立てた過程から析出されたのがこの定義です。人類の最も日常的な習慣あるいは慣習の中核にあり、生産と消費の動因、労働と享受の主役として働く社会生活のこの第一層こそ、ブローデルが「物質文明の」層と呼び、マルクスが「自然的形態の」層と呼んだものなのです。頑固で恒久的な人間の本質と同じで、一見したところ変化をいっさい受け入れず、歴史をも超越した層に見えますが、にもかかわらず、ごく緩慢であるとはいえ、時間とともに変化します。個人生活のせせこましいリズムからでは、いや、世代連鎖というもう少し広い地平からでさえほとんど知覚できないが、文明生活のより洗練された微妙な形態とともに生じる出来事を規定し、多くの場合、それに決定的な力を及ぼす変化、こうした変化をわれわれは被っているのです。

同じひとつの自然内で営まれる単一共同体の社会生活にとどまるなら、生活者の具体的な振る舞いを規定するものは、「物質」文明あるいは「自然」文明に由来するもの以外にありえません。しかし、増大への誘惑も、「他者」と交易したいという誘惑も、保守性に護られた狭い自己充足よりどうやらつねに強いようです。具体的な生活において複雑さの度合いを高めてゆこうとする傾向、すなわち、自らの経験を蓄積し、それを「よそ者」と交換し合おうとする傾向は、人類のあらゆる文明にとって免れ得ないものなのでしょう。生活世界の組織形態は次第に多様化し、特化してゆきます。自ずからそうなるにせよ、他の文明に由来する形態に影響を受けるにせよ、いずれそうなってゆくわけです。人類の振る舞いが直接的かつ具体的な水準から離れて、間接的、代理＝表象的な機能を作動させるとき、人類のより複雑な、すなわちより媒介された次元にまで到達せざるを得ない自然的決定あるいは物質的決定だけが力と有効性を維持できるのです――それは、文明一般の主張と文明が選択した特殊なものの主張とを同一視し、混同してしまいますが。ただしそれは、具体的なものにたいする支配権を、生活世界における組織化された、あるいは統合された別の審級に、別の決定源に譲り渡す場合に限ります。

かくして話は続きます。人類の物質生活あるいは自然生活の歴史は、どうやら必然的にある文明様式に帰着するようです。すなわち、それまで服従を強いてきた個々の表象から解放されて、社会を構成する諸関係であれ、自然との諸関係であれ、自由に具現できる文明様式です。社会生活において垂直・水平の交換が偶発的になされることにより、それまで人間集団を区切り階層化してきた伝統的な境界線がついには乗り越えられるとともに、並外れた技術と異端の知識の使用によって、古代このかた人間と超人間的存在者とを結んできた通路に根底的な変質がもたらされるようになる。日常生活はもはや必要性や必然性ではなく、偶然によって、偶然の具体的な表れによって決まるようになる。つまり、社会集団のなかで自発的に産み出された無数の形態が循環し、相互に影響を与え合う「相互交換の働き」、すなわち商業のなかで決まるわけです。あらゆる物質文明の全般的危機とでもいうべきものから出発して今度は文明化を推し進める生活へと人類は突入したわけで、本質的にローカルな排他主義の色濃い生産および消費の自然的・物質的な関係から、等価交換を原理とする、特定の色彩に染まらない一般的な言語へと転換したのです。本来の意味での経済、すなわち商業経済に基礎を置いたこの文明様式は、ブローデルによれば、人間の条件に十分耐えうる次元の地平を人類に拓いてくれた文明様式だということになります。この地平は、物質文明の過度な家父長主義から自由でありながら、なお、物質文明の基本的な特徴とその深層における力学には忠実だからです。

いっぽうマルクスにとってそれは、私的な所有者が生産手段を使って産み出す労働と消費手段を使ってなす享受とを中心に組織される文明様式ということになるでしょう。ただし、私的な所有者に属するこうした生産手段や消費手段も、やがては資本主義的所有権の貪欲な独占者に奪われてしまう運命にあるのですが。

マルクスとブローデルが資本主義を語るさいに一致する話の最終部、第三部は、まさにこの新たな主役、すなわち資本が話題になっています。マルクスは、この第三部を推進し、それを形づくりもすれば、変形もする資本主義を、商業経済の営みに根を下ろし、生産諸力の進む方向を逆転させ、その成果を横領する邪悪で自律的で自己目的的な装置だと考えます。ブローデルも同じく、資本主義は商業経済のうえにひとつの上部構造として立ち上がると考えます。資本主義の不可解な法則、すなわち投機的な営みの気まぐれが、商業経済にひとつの上部構造を押しつけ、商業経済を人間の暮らしにとって不透明で無愛想なものにしてしまうのです。

とはいえ、近代世界における経済生活が三つの層から成ると考える図式はマルクス、ブローデルいずれの思考法においても中核にあり、最初の問題提起、最初の定式化からすでにはっきり認めることができます。ブローデルの眼には、歴史上現れた資本主義経済におけるこの三層が、それぞれ自律しながらも同時に併存する三つの力学のようなものとして見えていました。建物の階のように、あるいは入れ子状になった望遠鏡の三つの筒のように層を成すことで相互に関連を持った三つの力学のように見えていたのです。これにたいし、マルクスにとってそれは、同じひとつの力学の三つの異なる様態、もしくは三つの異なる論理であって、その三者を相互に関係づける階層秩序は、最も新しく形成された効果がそのひとつ前の効果に従属するという一連の包摂によって成り立っています。この連続は、むしろお互いに寄生し合う生物の連鎖にはるかによく似ています。寄生生物の生存には宿主の代謝が欠かせず、そのいっぽうで、宿主は寄生生物の要求に合わせなければならないのですから。

物質文明あるいは自然文明、経済生活あるいは商業生活、そして固有の意味での資本主義。原因であることはもちろん、また結果でもあるこれら三者が共存するさまを二人が叙述する方法は、それぞれの解釈学的な意図と密接に関わっています。すなわち、こうした三分割の事実そのものに何かを読み取ってしまおうとする不安や欲望を二人がどのように乗り越えようとしているか、そのことと密接に関係しているのです。過去は死んでいないと言うとき、例えば、古代の料理の好みや十三世紀の商業規範がいまだに生き続けていると言うとき、ブローデルが言いたいのはおそらく次のようなことでしょう。つまり、過去に起こったこと、いやはるか昔に起こったことでさえ、抑圧され、表面から姿を消し、ときおり地下に潜行はしていても、かつては人間生活の設計図を維持するうえで決定的な役割を果たしたことがあるばかりか、いまだにそのアイデンティティと新鮮さを保ち、上に積み重なった歴史のあらゆる層を貫いて作用を及ぼし続けているのだと。ブローデルの言説は、過去の死を恐れる気持ちと同じくらいに、過去を蘇らせたいという彼自身のユートピア的な願望を立ち昇らせようとしています。なぜなら、これをブローデル版ユートピアといえるなら、間違いなく過去に執着するユートピアということになるからです。ブローデルは不可能事に挑んでいるのかもしれません。資本主義の暴走が始まった時点にまで時を遡り、歴史的事実とは異なった方向へと、すなわち、経済的な生成変化が将来、たとえ人間一人ひとりが柔軟に対応できなくとも、少なくとも人間の悟性で理解できるていどのものになるような方向へと舵を切ろうという不可能事に。一方これにたいし、マルクスにとって過去が死んでいないとは、過去の変容にこそ現在が存することを意味しています。現在が立ち現れるとき過去はその裡でつねに働いているからです。過去は現在から取り残された名残のようにぽつんとあるわけではありません。そうではなくて、過去とは現在が顕現するさいに否定されるあの基礎的な肯定性なのです。この肯定性を否定することによって、まさに立ち現れようとしている現在は決定の具体的な選択過程に入り、それによって、あれかこれかという形で決定を下すことができるようになるわけです。マルクスにとって資本主義とは、すでに何世紀も前から解き放たれた生産力を抑え込み、この革命的発展が人間と自然に対して切り開いたさまざまの新たな可能性を押し潰して、伝統的な文明を再び神聖化するための犠牲に供しようとする歴史的傾向を最も効果的に促す装置なのかもしれません。しかし、たとえ否定されてはいても、あの革命的な過去が資本主義の現在に何らかの形で潜んでおり、その現在が成すさまざまな営為のうちに、不可逆的なひとつの現実を隠し持っており、こんどはその現実がなにがしかの未来の出発点になるはずなのです。マルクスの言説は、彼のユートピアが夢物語でないことを資料で裏付けようとするばかりでなく、現在につきまとう一種のノスタルジー、すなわち、過去となってしかるべきものがいまだ生きて発する魅力に打ち勝とうとしているのだ、そう言っていいかもしれません。

資本主義固有の領域は「生産」（マルクス）か「流通」（ブローデル）か

資本主義をめぐってブローデルとマルクスの間に交わされるこの架空の対話にかんし、手短かに触れておきたいふたつめのポイントは、資本主義に固有の場は経済生活のどこにあるのかという問題にからんで以前ブローデルが口にしていた主張です。ブローデルは、とくに自身とマルクスの相違点を、穏やかな言い方をするなら、両者の類似点ともども、明るみに出そうとしているのです。

資本主義の概念を資本主義的生産の概念に結びつける発想は、百年以上も続く紋切り型です。煙突から立ち昇る煙が空を黒く覆い、巨大な工場群のぎざぎざ屋根が果てしなく続く。周囲の労働者住宅街には狭くるしい家々がうんざりするほど軒を並べている。そんな風景が資本主義の名を恣にしていました。資本主義を、金融の中心地〈シティー〉に林立するガラス張りの高層ビルやその周囲の豪華な町並みに進んで結びつけたがる者などめったにおりません。とすれば、ブローデルが（とりわけ『物質文明・経済・資本主義』の第三章および第四章において）繰り返し弁護する考え方はスキャンダラスだと言って過言ではないでしょう。工業生産は、経済生活において、資本主義がほんのついでに立ち寄った場所にすぎず、「忍び込んだはいいが、いつまでも我が物顔をし続けることのできない」地区だと言うからです。

資本主義は市場経済のただなかで、あるいは市場経済を通して与えられるプロセスの全体だが、かといって市場経済だけに固有なものだと考えるのはばかげている、とブローデルは言います。それはさまざまな形の「挿入」運動であって、その運動のおかげで資本家は蓄積した富の総体すなわち資本を、ほとんどの場合はそれを増加させるだけの目的で、一般人が富を生産したり消費したりする領域に持続的につぎ込むことができるわけです。したがって、資本主義とは商品「流通の領域」における――なぜなら、ここに挿入点があるわけですから――一現象でありながら、その領域を生みだし支えている商品経済それ自体が必要とする枠組みを越え出る現象だということになるでしょう。資本主義の本質とは、資本家が商品流通の領域に固有のあらゆる装置――全員に利益を与えると同時に多くの人々に儲けを保証する「使用価値」の流通を可能ならしめるために設計されたさまざまな装置――を使い、そのなかで、使用価値の運動を本来の目的そのものから資本価値を増大させるための手段へと転化してゆくことにあります。マルクスの用語を使うなら、単純な商品形態として実現する商品流通――商品ａが貨幣に変態し、その貨幣がさらに商品ｂに変態する（Wa―G―Wb）――が資本主義的な商品形態として実現する「契機」へと転化する――貨幣が商品に変態し、その商品が増加した貨幣に変態する（G―W―G'）――わけです。

資本家は、その他の生産者や商人たちに混じっているとき同じ取引をしているように見えます。しかし、同じ取引であっても、その実質が増強されれば、いままでとは異質な次元に入って、より練り上げられた規則に従い、より効果的な技術を使いこなすばかりか、比較にならないほど広い範囲で行動することになるわけですから、資本家は、生産者や商人たちの上に乗った一種の自律的な「上部構造」で活動を展開していることになります。つまり、寄生生物よろしく「人間規模の」商取引の世界に入り込んでそこに居座り、不可解な力学の効果をこの世界に押しつけ、この世界を歪め、理不尽で得体の知れないものに変えてしまう「巨大な商取引と嘘のような利益」の別世界で活動しているのです。

商取引の規模の拡大をばねにして、量的な増大から必然的に引き起こされる「質的な跳躍」こそが資本主義です。したがって、資本主義が現れるために、特定の生産が有効に働く必要などまったくありません。必要なのはただ、ある社会の歴史的状況において、商品交換が取りうる諸条件のうちに次の条件が含まれていることだけです。すなわち、日常的な経済生活の通常の規模とは比較にならないほど大きな財貨を産み出しうるダイナミズムがあるという条件です。

その意味で、資本主義の開花に好都合な歴史的状況のモデルは、十六・十七世紀に形成された初めての近代的な世界市場でしょう。世界市場の形成は商業的でない「さまざまな経済」の商業化を伴いつつ進行しましたが、その意味において、「遠隔地交易《フェルンハンデル》」すなわち海外との商取引はまさに、融通がきかないヨーロッパ商品の支配的な価値と、融通がきき状況次第でいくらでも変わるその他の地域の商品価値との間にぽっかりと口を開けた量的格差の深淵に架かる橋でした。近代的な生産生活が地球レベルで進行するなか、遠隔地交易への投資によってもたらされるとてつもない高利潤率こそ、資本家が財産を挿入すべき最初の地点だったのです。

これと同じ意味において、ただあくまでもその二番手として、資本主義にとって好都合なもうひとつの歴史=経済的状況のモデルは、十八世紀の中葉に始まり今日終わりを迎えようとしている産業革命の、他ならぬこの二百年にあるかもしれません。道具と原料の使用価値に縛られすぎて身動きがとれず、不利な社会現実と気まぐれな政治決定にいくども振り回されるため、生産の世界は大筋において、資本の大胆で投機的な性格が要求する可動性と迅速性から乖離したあまりに動きの鈍い世界になっています。生産の領域が資本の投下から得られる莫大な利益による流通と張り合えるようになったのは、ひとえに、「遠隔地交易」による交易の局面が徐々に衰退するのと時を同じくして、その衰退を補う形で「どこでも手に入るペルー人」のように搾取可能な労働力が現れたからに他ならない——いずれの現象も、物質文明の技術が深く変化したことに関連していますが、とはいえ、資本主義はこの生産という領域の居心地の悪さを払拭できません——ブローデルはこの点を繰り返し主張しています。より密度の低い地域で産まれた資本主義にとって、生産という活動領域はまるで「異国の地」のように感じられるのです。

こうしたブローデルの主張に、彼とマルクスの考え方の相違点を見つけ出そうとするのは間違っているのではないかと私は考えます。とはいえ、ことこのテーマにかんするかぎり、正反対を向いたマルクスとブローデルの考え方に接点はなかなか見つかりません。接点を見つけようと思ったら、誰かがマルクスとブローデルの考え方を相互に翻訳する必要があります。両者を相対化しつつ比較し、おおよその対応関係を探るわけです。

こうして「意見交換」をさせてみると、面白いことに、最後には、両者の考え方は矛盾するどころか、お互いに補い合い、補完しあっていることがわかります。

周知のように、資本主義の定義を生産の領域に求める紋切り型に最も堅固な基礎を提供したのはマルクスでした。ただしそれは、ブローデルの場合のように、資本主義に固有の場所を探し求めた結果ではありません。ひたすらそれだけを探し求めていたなら、マルクスもブローデルと全く同じ結論に達していたでしょう。事実、商品流通の領域において富が取る特有なふるまい――資本の一般式（G―W―G'）によって記述されるふるまい――という意味に理解するなら、資本主義は、この富の生産と消費というプロセスを、まずは形式上で、次いで技術上の現実として、包摂するとマルクスは考えています。資本主義的価値すなわち「価値を産む価値」は流通の領域に君臨し、その時以来、自らの臣下として近代の経済生活の全体を支配するようになったのです。それはさておき、周知のように、著作第三巻の草稿の大部分でマルクスは、生産生活、商業資本生活、貸付資本生活に初めての資本がいかに投下されたかを研究し、歴史上、産業資本という真の資本像が現れるに先立って現れたさまざまな古い資本の姿を明らかにしています。

ところがここで、マルクスの探究は例の方向へと進路を変えてしまうのです。彼の興味は資本主義の本質を究明しようという方向へと転じる。すなわち、商品流通の領域における資本の振る舞い（G—W—G'）を描く公式が有効性を発揮する諸条件、つまり生産生活と消費生活に資本が投下される特殊な舞台がいかなるものかを究明しようという方向へと転じてしまうわけです。ブローデルの言葉を借りるなら、マルクスの問いはおよそ次のようになるでしょう。資本主義の本質が「安く買って（G—W）高く売る（W—G'）」ことにあるなら、すなわち、それぞれの交換者のあいだに横たわる大きな差異、いや桁違いの差異から利益を引き出すことにあるなら、世界市場が実際に地球全体に広がり、同じ交換条件で取引がなされるようになると、資本主義はその一生を終えてしまうのではないか？

マルクスの考える交換条件の大きな差異とは、高利の商業資本がからむ大取引、とりわけブローデルによって研究された「遠隔地交易」に結びついた大取引の領域に見られる劇的な外観を呈する差異です。しかしこうした差異だけが唯一かつ根本的な差異というわけではありません。それどころか、交換条件における桁違いの差異のほとんどが目立たず、取るに足らない外観を呈していると言ってよいかもしれない。例えば、産業資本が緩慢に発見する差異がそれです——しかもそれは商品市場と金融市場における差異にもすでに〈アーモンド状に〔in nuce〕〉〔マルクスが『資本論』で使っている表現。一体化されて深く埋め込まれている状態を表す〕潜んでいました。十八世紀に入って産業資本が支配的地位へと駆け上るその鍵となったのがこの差異ですね。つまり、潜在的な労働としての商品価格と、実現された労働としての商品価格との差異、言い換えれば、労働力の価格と、その労働力によって直接生産された商品の価格との差異です。労働力としての商品と生活必需品としての商品の交換条件に口を開けた「きわめて小さな亀裂」——これから雇おうとしている人間の労働がどれほどの剰余価値を産み出すか、彼からどれほどの搾取ができるか値踏みするときに出現する亀裂——これこそ資本の一般公式の有効性を支えている、とマルクスは考える。この亀裂は、「遠隔地交易」の場合とはちがい、世界市場の未成熟を根拠に置いていません。根拠とするのは一定の生産様式の有効性、すなわち資本主義的な生産様式の有効性なのです。近代的な技術を基礎に、労働力と生産手段をうまく結合することで、集団的規模の努力なくしてはおよそ到達不可能な生産水準に達し、この努力が搾取という特異な社会関係——労働力と生産手段のこの結合を容易にするために、生産手段に高い評価を置き、労働力すなわち価値を産み出す要素を抑圧する関係——を通して自発的かつ集中的になされるようになったとき、そのときに初めて、資本家の商品と労働者の商品の交換条件における実質相対差異は生産システムに現実的な作用を及ぼし――このことは生産システムにとってほとんど「技術的な」条件だと言ってよい――、優先的に維持・再生産されなければならなくなるわけです。

これにたいし、ブローデルの歴史的な言説は、同じ事を、マルクスの批評的な言説とは違った方向、違った意味で取る独自の方向に進みます。にもかかわらず、誤解を通して理解しあいながら、二人がお互いに伝え合おうとしている事もたくさんある。それらはどれも一考に値するし、それ以外の考え方はできないでしょう。例えば、資本主義の歴史を十八世紀以前にまで延長するとき、生産とは「無縁な」領域における資本主義二百年の歩みが、生産の形を根本的に変えてしまったこと（資本主義はそれほど根本的な変形を実際に経験しました）。資本主義が、物質文明を変質させることによって、そのきわめて緩慢なリズムに働きかけたこと（労働プロセスの技術的な実質が経済的プロセスの価値を高める形態に現実的に包摂されるという理論でマルクスはそう考えました）。それればかりか、大取引の世界が日常生活世界に介入するシステムとしての資本主義は、賃労働プロセスの技術的な変革の場合のように、はるかに複雑で、はるかに精妙な歴史的現実と出会い、一体化したこと。あるいは、交換条件と投資のチャンスにかんして流通の領域に生じる不連続性のように、物質文明の歴史＝地理的現実に出会い、一体化したこと。以上のようなことをブローデルは彼なりの言葉で受け入れることでしょう。

多くの人によって使われるうちに〈希望的観測《ウィッシュフル・シンキング》〉となったマルクスのユートピアには、幸運は必ず実現すると言うに等しい「歴史的必然性」の発想が含まれていました。その発想によれば、取引を生産の領域にますます集中してゆく資本主義のリアリズムは、ある運命を不可逆的に引き起こすことになる。すなわち、資本家による搾取が資本主義を説明する鍵として暴き出すばかりでなく、産業プロレタリアートを主たる被搾取階級と成さしめ、最終的かつ決定的な革命の押しも押されもしない主人公に仕立てるわけです。こうした幻想が反動的な方向へと操られ、その後、利己主義者やプラグマティストばかりでなく、こうして操られる人々にまで己の陣地を明け渡してしまった今、ブローデルなら口にすべきことはたくさんあるはずです。とりわけこう言うでしょう。歴史の転換があらかじめ決められたプランを辿ることなど一切ないし、たとえ事後的な必然性を示しているとしても、それを予見することなどできない。すでに書かれた歴史ドラマの役者が、資本主義を生産の領域から引きずり降ろすわけではない。その役者には、博愛の意志であれ、破壊の意志であれ、そもそも意志というものがないのだから。歴史とはそもそもひとつの「ロジック」――法外な利益を産む生産および取引のシステムを編み出すロジック――に従っているだけで、そのロジックによれば、このシステムは鈍重で闘争の場になりやすい領域からむしろ遠ざかろうとしている。資本主義が生産力を飛躍的に増大させた好機が、労働力の搾取によって約束された法外な利益にあったとするなら、しかし、にもかかわらず、この好機がさしあたって直接姿を現すことを止めてしまっているとしたら、ポスト産業主義と呼ばれる今世紀末の経済生活を特徴づけるいくつかの事実――「不況のまっただ中に現れるにわか景気」や第三世界を抜本的に近代化するにあたって資本主義的な生産が無力であることなど――を説明する重要な要因のひとつは、おそらく、金融流通世界への緩慢な回帰ではないか？　ブローデルならそう言うでしょう。

ブローデルの「先見の明」とマルクスの「先見の明」の比較はいかなるものも怠惰でこれ見よがしですが、どのみちあらかじめ失敗を運命付けられています。ブローデルの著作には、マルクスの言説において政治経済批判全体を支える譲渡の理論に相当するものも、この理論がもたらした一連の創造的な概念――商品とその生産という二重性格の決定、資本の三タイプがお互いにいかなる有機的な所属関係にあり、これら資本総体が土地所有といかなる関係を持つかの説明、今はこの二例に止めておきますが——に相当するものも見あたりません。ブローデルを突き動かす理論的な目論見が、彼をしてこうした概念との出会いが可能になる進路へと導くことはないのです。同様に、『地中海』「一代記」をものした著者の、具体的な歴史的対象を包括的に解釈するにふさわしい鍵を見つけ出す能力は——またもや重要な例を二つだけ挙げるなら、いかなる物質文明であれ「文明淘汰」がその成立の契機となっているというアイデアに逢着する能力と、経済史の全体を「経済＝世界」の差異的でダイナミックな布置として提起する能力——、マルクスのように、歴史の「解釈」は歴史を「変形」するための一契機にすぎないと考える人物にとって、むしろ鬱陶しい能力に違いありません。

ブローデルとマルクスの二人はいずれも資本主義を、商業的な経済生活と完全に重なりもしなければそれと同一視もできない現実であって、商業的な経済生活から生まれはしたものの、それと対立する関係にあると考えていますが、私の考えでは、近代史をめぐってブローデルの言説とマルクスの言説を架橋できる一致点はここにあります。ブローデルによれば、商業経済が物質文明に与える加速および余剰生産物の質的な分化と量的な増大から生じた資本主義は、生産分野に介入するまでの極端な成長をとげ、ついには、限定的で従属的な事実として社会に持ちうる積極的な効果を転倒させてしまいます。マルクスによれば、生産力が増大し、生産手段を集中しなければならなくなると、資本主義的現実はそれに応えて歴史における積極的な機能を果たすようになります。しかしながら、それを遂行する段になると、資本主義的現実はこの流れを逆向きにしてしまうわけです。私的な所有と公的な所有の関係を新たに定義し直すにはいたらず、伝統的な定義に固執してしまう。大方の私的所有者から所有物を没収し、彼らを奴隷にする一方で、そのうちの何人かには力と自由の幻想を与えながら、蓄積した価値を貪欲で破壊的で制御不能な主体に変えてしまうわけです。

古典主義的理論（ブローデル）とロマン主義的理論（マルクス）

資本主義という主題をめぐってマルクスとブローデルが交わすこの架空の対話は「無理矢理作りあげた」感が強いというような趣旨のことを冒頭で申し上げましたが、この発表を終えるまえに、そのときお話したことに立ち戻りたいと思います。そして、私の不安感を問いかけと示唆という形で残しておくことにいたします。

近代社会の性格を中心的に担うものとして他ならぬ資本主義に言及するとき、近代史学者の言説に本当に一貫性があると言えるのだろうか？　いやむしろ、資本主義をめぐる近代的な言説の一見均質な領域の下には、克服しがたい断絶が君臨しているのではないか？　ひょっとするとお互いに矛盾する多くの資本主義概念を使ってひとつの言説が練り上げられているのではないか？　資本主義が組み立て不可能なジグソーパズルのように思えてくるほど、一緒に置くことも補い合うこともできない概念からひとつの言説が練り上げられているのではないか？　もしそうだとするなら、それだけ多くの資本主義概念はどこからやってくるのか？　お互いに競合する資本主義の分類基準があるが、それぞれ違った固有の見方を強いるのは社会階級の違いだろうか？　民族文化の違いだろうか？　資本主義のタイプだろうか？　それとも資本主義の時代の違いだろうか？

マルクスとブローデルの場合にかぎるなら、「資本」という用語とその派生語を使うとき二人は同じことを語っているわけではなく、二人が眼前に据える理論的対象が同じものでないことを認める必要があります。この違いはたんに同じひとつの事柄をどんな視点から、どんな幅、どんな深度で見るかといった焦点にかかわる問題ばかりでなく、この事柄の概念をどのように構成するかといった違いでもあるのです。

私の考えによれば、今わたしたちは二つの根本的に異なる理論的態度を目の前にしています。ブローデルの理論的態度を古典主義的、マルクスの理論的態度をロマン主義的とする見方はどうでしょう。おおざっぱに定義すれば、前者は現実をじっと見つめる観相型の理論、後者は現実に分け入る参加型の理論と言えると思います。

十八世紀に根底的な歴史の方向転換があったとする点でブローデルはマルクスと一致しています。最も自然に近い次元（爆発的な人口増加）から、生産と消費を決定する次元を経て、自然から最も遠い次元（啓蒙主義の文化）にいたるまで、すべてが、それまで成長してきた伝統的な領域を捨て、まったく違った領域へと移らざるを得なくなったのです。しかしそこにブローデルはひとつの事実を見、マルクスはひとつの好機を見たのでした。たとえば産業革命を、ブローデルは、資本主義の運営が生産の世界に向かった不適切にして不幸なオーバーフローの最初の効果として叙述しているのにたいし、マルクスは、資本主義的な社会関係によって損ねられ、空回りさせられた解放へのさまざまな可能性の総体として表現しています。十八世紀に入って複数の差異的な時間性が独特の結合を遂げたことを二人とも認識していましたが、認識の形は違っていました。マルクスにとって、「出来事史」になろうとする力と深く沈潜しようとする力の結合は、まさに、各サイクルが持つさまざまな方向の合流点として与えられています。短い時間の激しい揺れのさなかに、長い時間の決定能力が例外的に突然立ち現れ、革命期を産み出すわけです。こうした合流点がどちらの方向を向いているかを見るかぎり、歴史は自由を登記する方向に前進していると言えるかもしれません。これにたいしブローデルはさまざまな時間性の結合を恒常的なものだと見ています。たとえば、階級の存在する不平等な社会関係が繰り返し現れるという事実のなかにそれを確認できます。こうした社会関係の構造は人間の抜き差しならない条件だと考えるわけです。ブローデルの静観的な見方からくる冷めた情熱は、歴史的な悲観主義や楽観主義の過剰な情緒を撓め、これに取って代わることができるように思えます（スピノザ的な方向）。ブローデルは歴史的な生成変化を、「自らの眼前で起こっている創造劇」のように見ています。しかし、たとえ今生起している事柄を積極的に支持する場合ですら、それに責任を取ることと、個人にせよ集団にせよその出来事に介入することとの間には明確な一線があるとするのがブローデルの知恵です。フランス人の血に流れ込んだヘーゲル主義とでも言うべきものを備えたブローデルにとって、今起こっている出来事は、存在するがゆえに何らかの意味で「完全」であり、この出来事と向かい合ったときには、ただそれを感情的あるいは理性的に称賛あるいは風刺するくらいの贅沢しか許されないわけです。いっぽうこれにたいしマルクスは歴史の生成変化をひとつのドラマとして見ていて、彼自身が社会的な個人として決定的にこのドラマに巻き込まれていると考えます。それこそが積極的な歴史創造の一面だと考えるわけです。歴史が作られる瞬間というものが存在し、自分がそういう瞬間のひとつを生きなければならないことに気づいたのがマルクスの知恵です。マルクスにとって、出来事とは、役者が舞台のまんなかで、それぞれの役柄を、芝居の筋に沿って堂々と演じるかぎり存在するものであって、舞台上の出来事と無関係でいるかぎり、あるいは舞台の袖にいるかぎり存在しないものなのです。

4　ブローデルの資本主義

イマニュエル・ウォーラーステイン

少なくとも十五世紀に遡る近代世界の歴史を組織・分析するひとつの方法として、資本主義の概念を本気で利用するようブローデルはわれわれに求めました。もちろんこうした考え方をした人物はひとりブローデルにとどまりません。しかし、正確に言うなら、彼の見方はかなり独特でした。というのも、十九世紀の世界について真っ向から対立する見方を持つ古典的な自由主義者と古典的なマルクス主義者が、それぞれの立場にとってきわめて重要だと考える二つのテーゼに、ともども逆行する理論構造を発展させたのがブローデルだからです。第一に、大方の自由主義者と大方のマルクス主義者が、資本主義がなかんずく自由で競争的な市場の設定を必要とするという説を支持するのにたいし、ブローデルは資本主義に反-市場（*contre-marché*）のシステムを見ました。第二に、自由主義者と大方のマルクス主義者が、資本家とは経済の専門化を大いに押し進める実践者であるとする説を支持するのにたいし、ブローデルは、大成功を収めた資本家の基本的な特徴は経済の専門化の拒絶にあると考えました。

以上がブローデルの資本主義観ですが、大方の同業者の目には、これはただ「資本主義を反対側から見た」だけとしか映りませんでした。

そこでこれから、ブローデルの主要な論証がいかなる思想に基づいていたのかはっきり示そうと思います。資本主義の概念を以上のように定義し直したとき、現在および将来の研究にいかなる影響がもたらされるのかをまず分析し、その後で、この意味の大きさを検討することにいたしましょう。

三階建ての家の比喩（資本主義／経済生活／物質生活）

ブローデルは三階建ての家の比喩から始めています。一階は「ごく初歩的な経済という意味での」物質生活の階。[1] 二階は一般的に経済生活と呼ばれる階。三階すなわち最上階は資本主義、ときに本物の資本主義と命名される階です。ここでわれわれはひとつめの驚きを覚えます。上の二階を区別し、経済生活と資本主義とに分けて示しているのです。このことは現実にはいったい何を意味するのでしょうか？　ブローデルは経済生活（つまり市場）と資本主義を分けるにあたって次の六つの要素を示唆しています。

（一）ブローデルはまず初めに経済生活とその下の階とを区別します。経済生活は物質生活の「しきたりや無自覚的日常性から」ぬけでます。しかしながら経済生活もやはり「規則性」がものをいう生活です。しかし、こうした規則性は「活発で、自覚的な[2]」仕事の分離を積極的に組織し、再生産する市場のプロセスから派生したものなのです。したがって、こうした市場の領域は「各人が、共通の経験に教えられて、前もって交換の過程がどのように展開するかを知ることができる[3]」領域だったわけです。

こうしてオープンな意識的活動は、直接的な消費のための生産および消費が支配する物質生活から、経済活動を区別するようになりました。資本主義はもちろん物質生活とも異なるものですが、経済生活の規則性ともまた異なります。「資本主義の大がかりな勝負の場は、何ヶ月もの、さらには何年もの時間のかかる遠隔地との結合にあるのである。[4]」この記述は十五世紀から十八世紀までならたしかに有効でしょうが、今日ではもはや当てはまりません。この問題は後に取り上げることにいたします。

（二）市場経済は「明瞭で、透明でさえある現実」世界であり、「この現実を生動せしめていた把握しやすい過程」の世界であって、この過程にもとづいて「経済学を構成する言説」が創始されました。これにたいし、市場の上側、あるいは下側の地帯は「暗がりになった」不透明地帯です。[5]下側の地帯、すなわち物質生活の地帯は「十分な史料が揃わないので、とかく観察しがたい」地帯でした。分析者にとって、この地帯の不透明性とは、観察のむずかしさによるものだったわけです。これにたいし上側の地帯、すなわち資本主義の地帯は同じ不透明さでも、資本家たちが望んだ理由による不透明さです。つまり、「いくつかの集団をなす特権的な行為者が、普通人の知らない回路や計算のなかにすでに分け入っていた」地帯で、「せいぜい何人かの特権的地歩に立つ人たちにしか扱え」ない「工夫を凝らした技術」を使っていたわけです。「市場経済という明瞭な地帯の上側」にあるこの地帯なくしては、資本主義、すなわち〈本物の〉資本主義を考えることはできません。(6)

(三)ブローデルがときに「ミクロ資本主義」地帯とも呼ぶ市場の地帯は、「もうけの乏しい」地帯でした。ミクロ資本主義は「通常の労働からかろうじて切り離されたにすぎず、憎むべきものとは思えなかった」ものです。「多方面にわたる広大な活動範囲」と「世間一般の目にはすでに悪魔的に見えたそのはたらき(7)」を持った本物の資本主義の地帯とは何たる違いでしょう。資本主義の地帯は「資本の投下と資本の高い生産性の場としてとらえられる(8)」地帯、「例外的な利潤(9)」の地帯なのですから。「利潤がきわめて高い電圧に達する所、その場所に、そしてその場所にのみ、過去も現在も資本主義が存在するのである。(10)」しかし、資本主義の利益はどんなに高くとも、「利潤率は変動する、そして変動することを止めない(11)」以上、毎年行なう収穫のように規則的ではありません。

とはいえ、一定の決まった利潤で安定を求めるか、あるいは、法外に高いが不規則な利潤を得るためにリスクを冒すかは、たんに選択の問題ではありません。だれもがそれを選べるわけではないからです。「高利潤の天井が莫大な額の金——彼らのもの、あるいは他人のもの――を操る資本家にしか到達できないことは確かである。[……] 金、その上に金である。商業活動にはつきものの待ち時間、牙をむく逆流・揺れ・遅延を乗り切るためには、これが必要なのである。[12]」

(四) 市〔市場〕は結局、ひとつの解放、ひとつの出口、別世界への入り口に逢着し、「外に向かって開いた扉[13]」を介して生きてゆくことを意味することになります。この記述はおそらく中世末期にあてはまるでしょう。また、文化大革命以後の中国の気分を表しているとも言えそうです。これにたいし「反-市場のゾーンがあって、そこでは、才覚と最強者の権利が君臨して[14]」いたわけです。

初め反-市場はとりわけ遠隔地交易において花開きました。とはいえ、莫大な利益を得るうえで重要なのは距離そのものではありません。「Fernhandel、遠隔地交易の疑いない優利さは、それが可能にする集中であり、そのことが遠隔地交易を、資本の速やかな再生と増大の比類ない推進力とするのである[15]。」要するにブローデルは、経済生活をその活動が真に競争的である生活と定義し、資本主義を集中の地帯、独占の度合いが比較的高い地帯、すなわち反-市場と定義しているのです。

(五) 市場経済の地帯は「さまざまな市場〔複数であることに注意――ウォーラーステ

イン」間の水平の連絡が増殖していったのである。そこでは通常ある種の自動運動が供給・需要と価格とを連動させていた。[16]」資本主義の地帯とは根本的に異なるものから成り立っているのです。「独占とは策略と頭脳の問題である[17]」——しかし、なによりもまず権力の問題です。「収奪、不平等交換あるいは強制的交換」について述べながらブローデルは「このように力関係が加わるとき、『需要』と『供給』という術語は正確に何を意味するのであろうか[18]？」と主張しています。

(六)そこでわれわれは権力の問題から国家の役割へと導かれます。ここでブローデルは次のふたつのことを指摘します。調整器としての国家にかんすること、そして保証人あるいは保護者としての国家にかんすることの二点です。しかしその論理は逆説的で、国家は、調整器としては自由を保護し、保護者としては自由を潰そうとするのです。具体的に見てみましょう。

調整器としての国家は価格の統制を意味します。つねに独占者の支配下にあった企業の自由のイデオロギーは、価格の統制を行なうために政府が使うさまざまな方法を非難してきました。ところがブローデルは、価格の統制が競争を保証していたと言います。

十九世紀以前において、自動調節機能を持つ「真の」市場の出現を否定するためのもっとも重要な論拠である価格の統制は、いつの時代にも存在したし、今日なお存在している。しかし産業時代以前の世界について市場における公示価格が供給と需要の役割を廃してしまうと考えるのは誤りであろう。原則として、市場の厳しい統制は、消費者を保護するためすなわち競争を守るためにとられたのである。それは、どちらかと言えばぎりぎりのところで「自由な」市場であろう。たとえばイギリスにおける、統制と競争を同時に廃する傾向を持つと言われるプライヴェート・マーケットを見よ。[19]

政府の役割とはここでは、反-市場の力を抑制することでした。というのも、市場は効率を高めるだけでなく、「競争を排除[20]」するためにも出現するからです。

しかし国家はまた独占の保証人、いやむしろ、その創造者でもありました。すべての国家ではなく、そうなれる国家だけがそうなったのですが。事は最大級の独占に限りません。たしかに最も力のある商社は「つねに国家の黙許によって設立される[21]」わけですが、「それがあまりに自然なので、その恩恵に浴している人自身にも見えないほど[22]」の独占もまたたくさんありました。ブローデルは貨幣が——中世において——自然に感じられる独占であったという例を引いています。独占者が金と銀を所有し、大方は銅しか持っていなかったわけです。今日では、「強い」通貨と呼ばれる「外貨」を利用する独占者がいるいっぽうで、「弱い」貨幣しか使えない人々がいる。しかしいつの時代であれ、大きな独占は、システム全体の保証人である経済的な権力を持っていました。「アムステルダムの有する位置の全体が、それ自体独占をなしているのであり、独占は安全の追求ではなくて支配の追求である。(23)」

かくして以下のような図式が得られたと思います。経済生活は規則的であるのにたいし、資本主義には日常的な慣習性が希薄。経済生活とは前もって知ることができる生活であるのにたいし、資本主義は投機的。経済生活は透明であるのにたいし、資本主義は暗く不透明。経済生活はささやかな利益しか伴わないのにたいし、資本主義は法外な利潤を産む。経済生活は開放的であるのにたいし、資本主義は密林。経済生活が価格や真の需給関係を自動的に設定するのにたいし、資本主義においては権力と人為が価格を押しつける。経済生活は統制と競争を伴うのにたいし、資本主義は統制と競争をともども排除しようとする。経済生活は個人の普通の生活を支配圏とするのにたいし、資本主義は覇権的権力によって保証され、そのなかにおいて実現される。以上のような図式です。

専門化を拒む資本主義

商人、工場主、銀行家の区別は古くからあって、はっきりとしています。彼らは三つの主要な経済活動を実践し、企業主はその経済活動から利潤を得ることができるわけです。三つの経済活動とは商業、マニュファクチュア（より一般的な言い方をするなら、生産業）、そして資金運営（貸し付け、保管、投機）です。ふつう彼らは異なる職業あるいは制度の仕事を果たすとされており、たとえば三つの異なる社会グループに属するとしばしば考えられています。商業資本、産業資本、金融資本という例の三位一体です。

資本主義のカテゴリーの変遷を年代順に辿ろうとするばあい、たしかに分析家の多くがこのカテゴリーを用いています。最初に商業資本のカテゴリーが現れ、次に産業資本のカテゴリーが、最後に金融資本のカテゴリーがやってくる、といった具合です。そのうえさらに、自由主義の伝統にもマルクス主義の伝統にも、商業活動は工業生産にくらべて倫理的にいかがわしく、「資本主義的」でないという考えがありました。これはとりわけ生産労働と非生産労働を区別するサン＝シモンとその思想（これ自体は重農主義者に由来する）の遺産です。いずれにせよ、産業革命と命名された時機を歴史的な転換期と仮定するとき、その要諦はこうした区別とその存在論的な現実に依存しているわけです。こうした区別の依って立つところをブローデルは単純かつ明瞭に批判します。

印象として言えるのは、したがって（というのは、散見的にしか行なわれてこなかった文献調査の不十分さから見て、印象についてしか語ることができないからである）つねに高利潤の星の下にある経済活動の特定の部門が存在したこと、そして、これらの部門は変動するということである。経済活動そのもののインパクトの下に、このような地滑り的移行のひとつが起こるたびに、足取り軽やかな資本は、それに追いつき、そこに住み着き、そこで栄える。一般原則として、資本がそれらの移行を作り出したのではない、ということに注意してもらいたい。利潤のこの差異地理学が資本主義の状況による変動を理解する鍵なのである。この変動は、レヴァント地方、アメリカ大陸、マレー諸島、中国、黒人奴隷貿易等の間を揺れ動く――あるいは、商業、銀行、産業、あるいはさらに土地の間を。［……］産業、農業および商業利潤の間に、あらゆる場合に通用する有効なランク付けを確立することがむずかしいことがよく分かるだろう。大まかに言って、大きい方から小さい方へ、商品、産業、農業という通常のランク付けは、ひとつの現実に対応しているのだが、しかし、一連のさまざまな例外を伴っているのであって、それが、ひとつの部門から他の部門への移行を説明するのである。

　資本主義の総合的な歴史にとって基本的な、その特質を強調しておこう。すべての試練に耐えるその柔軟性、その変形と適応の能力である。私が考えるように、十三世紀のイタリアから今日の西洋まで、資本主義がある一体性を持っているとすれば、まず第一に、資本主義を位置づけ、それを観察すべきなのは、この特質のあらわれにおいてである。(24)

　資本を回遊させながら移動していた資本家の位置が、利潤を得るチャンスに出会ってふたたび決まると、われわれとしては、あとは、資本家がどうやってこの「すべての試練に耐えるその柔軟性」を手に入れるのかを見るだけです。ブローデルの答えは単純です。本物の資本主義は、つながりもなくなり能力も発揮できなくなった分野に投資して足元を掬われることがないよう、つねに専門化を拒絶したというのです。もちろん専門化は存在します。しかしブローデルにとってそれは下の階における機能に他なりません。

> 専門化、分業は通常はそこでは下から上へと行なわれる。もし、職務の区分と仕事の分割を近代化あるいは合理化と言うならば、この近代化はまず経済の基部に現れたのである。交換の飛躍的発展は、いつでも小売店の専門化をますます推し進め、交易のさまざまな補助部門において特殊な職種の誕生を促すのである。
> ところで、卸売商人に関しては、彼が法則に従わず、きわめて稀と言える程度にしか専門化しないのは不思議ではないだろうか。財産を築いて、卸売商人に変身する小売店主までが、身分を変えるとただちに専門化から非専門化へ移行するのである。(25)

資本家の姿勢は小売店主の姿勢ときわめて異なるのです。「あたかもこれら支配的な点に位置することに特有の利点が、まさにジャック・コキュール［十四世紀フランスの大商人］の時代も今日も、ただひとつの選択のうちに閉じこもらずにあると言わんばかりに［……］。並外れて適応性に富み、したがって専門化しないことに。[26]」

「反対から」資本主義を眺める意味

こうして「反対から」資本主義を眺める意味はどこにあるのでしょうか？　歴史の予定表が変わる、ということがひとつ考えられます。もうひとつは、啓蒙主義的な進歩の理論にたいする暗々裏の批判という含意。三つ目の含意としては、いままでとは大きく異なるメッセージをわれわれの現代世界に向けて発している点が考えられます。こうした含意をブローデルは明確にしていません。自らの研究が含意するところを著作のなかで明確にするというやり方をブローデルは取らないのです。インタビューでたまさかそうしたことに言及することがあっても、その場の思いつきで喋っているような印象があって、彼の世界観を反映しているというよりは、個々のインタビューにたいする見解を披瀝しているにすぎないように思えます。あるいは読者自身で含意を発見する方がより大きなインパクトがあると考えているのかもしれませんし、知的な闘争なら恐れていなくても、あまりに政治的な論争には巻き込まれたくないと思っているのかもしれません。

ブローデルの沈黙や躊躇をどう説明するにせよ、われわれとしては、自分たちの省察の基礎として彼の著作を使うことをためらってはならないと思います。

　歴史の（大文字の歴史の）予定表は、少なくとも十九世紀半ば以来、次のようなタイプの説明的神話[27]に支配されてきました。すなわち、大土地所有者が何らかの形で農民を搾取する、より小さく、より単純なシステムのただなかに中産階級すなわちブルジョワが生まれ、それがたまたま近代の国民国家における支配勢力に変わる。この新興集団と彼らの実践する経済システムすなわち資本主義が次第に力を伸ばし、ついにはイギリスにおける産業革命とフランスにおけるブルジョワ革命という二革命に極まる。これらの革命は十八世紀の〈夕暮れ《トラモント》〉において世界史の時代を画する大きな分水嶺となる。以上のような神話です。

　われわれの時代区分はいずれもこうした神話に基づいています。中世世界と近代の線引き然り。いっそう重要な近代史と現代史の断絶然り。それどころか、われわれが使う形容詞にもこの神話体系が集中的に現れています。つまり、確かめもしない前提を受け入れるとき、そこには現実に神話体系が現れているのです。たとえば、われわれは前産業的な社会とか、最近ではポスト産業的な社会とか言いますが、このとき「前産業的な」

とか「ポスト産業的な」といった形容詞は、産業社会と呼ばれる画定可能な期間が存在したことを暗黙のうちに受け入れています。さらには、われわれが問題を設定するさいにもこうした神話体系は顔を表します。なぜイタリアではブルジョワ革命があんなに遅れたのか？　ロシアやフランスやインドではいつ産業革命があったのか？　合衆国南部の奴隷所有者は封建領主だったのか、それとも資本主義的な企業主だったのか？　急いでつけ加えておきますが、ブローデル自身がこうした前提からすっかり解放されていたわけではありません。形容詞を使うときにはとりわけそうでした。ただ、彼はしばしばこうした形容詞を無視しています。

しかしながら、資本主義を「反対から」見る視点は、こうした神話体系をこなごなに打ち砕く攻撃になると私は主張します。もし資本家が自由競争の市場で取引をする者と対極にいる独占者であるとしたら、歴史を画する境界線はわれわれが馴染んでいるものとはちがったものになったはずです。生産、通商、金融にたいする独占者の統制はじつにさまざまな形態が指摘できます。大プランテーションもこうした形態のひとつですし、大商社もそのひとつです。多国籍企業や国家企業もこれにあたります。こうした諸形態の対極に位置するのが世界中の都市や農村に住む労働者であって、彼らは物質生活の地帯で暮らしていますが、独占者の権力と闘うために市場の地帯に入ってくるわけです。

こうした労働者の力は、賃金を上昇させ、ささやかな商品を生産し、独占者によって押しつけられた価格構造にできる限り挑戦し、それを真に需給関係を反映した価値に、すなわち実際の価値に変えることによって、彼らが産み出した剰余価値の大部分を返すよう要求してきました。こうした「解放」の努力をつみ重ねながら、彼らは、調整器としての国家、「競争」の保護者としての国家を支持しようと試みてきたわけですが、彼らが戦いを挑んできた当の独占者を守る「保証人」としての国家にぶち当たることもしょっちゅうでした。したがって、彼らにとって国家の評価は両義的にならざるを得ませんでした。

資本家の力とは、大きな利潤の生じるところに素早く移動し柔軟に適応する能力ですから、一七八〇年に綿織物生産に向かってなされた移動も、十七世紀にヴェネツィアの「陸地《テッラフェルマ》」で農業投資に向かってなされた移動や一九八〇年に多国籍企業が金融投資へ向かって行なった移動と、その意義において優劣はありません。そのうえ、「統制された競争」という概念、すなわち調整器としての国家は、注目すべき「市場社会主義」の展開を、この十年の社会主義諸国における政治的選択のひとつに加えるという新しい思考方法を切り開きました。ブローデルは、資本主義の経済＝世界において、権力と機敏さを持った独占者が、経済生活において取引の解放と透明性を妨げられた大多数の人々と絶え間なく闘争する様子を描出してくれています。おそらくわれわれは、十九・二十世紀の政治史を、対抗力を組織し、独占者とは別の機敏さ、自ら固有の機敏さを体系化しようと多くの人間が試みてきた時代の政治史として構想することができるのではないでしょうか?

ただそのさい、ブローデルが描いて見せてくれるこうした描像が、現在支配的なイデオロギーのあまりに単純な見方としっくりこないことははっきりさせておかなければならないでしょう。もちろん、アダム・スミスにせよ、マルクスにせよ繊細な思想家ですから、われわれがブローデルを読むなかから引き出せる多くのことを先取りしていました。しかしイデオロギーとしての自由主義はアダム・スミスの見方とは違っていますし、マルクス主義もカール・マルクスの見方とは違っています。しかも現在の地平を支配してきたのは自由主義とマルクス主義であって、アダム・スミスでもなければカール・マルクスでもないのです。

必然的な進歩という理論への支持を正当化するために自由主義者もマルクス主義者もこれまである論拠に基づいてきたわけですが、資本主義の概念を再定義するにあたってブローデルは、この論拠が持つ力を弱めました。自由主義者もマルクス主義者も、歴史を、資本家および／または中産階級が自らを打ち立て、自らの構造を特別な形に発展させてゆく連続として認識してきました。自由主義者にとって、こうしたプロセスが完遂された暁には一種のユートピア的なフィナーレに極まることになりますし、マルクス主義者にとって、こうしたプロセスが完遂されると別の爆発に極まり、この爆発が別種のユートピア的なフィナーレに至る新たな構造へと導くことになるわけです。

これにたいしブローデルは歴史に一直線の進歩ではなく、独占（本物の資本主義と呼ばれるもの）の諸力と解放の諸力の絶えざる緊張状態を見ています。解放の諸力は、「日常的な労働とほぼ一体化した」ミクロ資本主義が存在する競争的な市場複合体の枠組みの中で、自動調節機能を備えた経済活動を通して、かかる解放を追い求めてゆくわけです。

ブローデルがこの世を去ってから、われわれは共産主義諸国の崩壊を目のあたりにしました。多くの人にとっては市場の勝利のように映ったかもしれません。しかし、ひとたびブローデル的な概念を発動させれば、はっきりと違う何かが見えてきます。ブローデルなら、われわれが目にしているのはほとんどその反対の事態なのだと言うでしょう。

旧共産諸国にはけっして市場が不在だったわけではない以上、市場が再び現れているわけではありません。近代生活から市場を排除することは不可能です。スターリン主義体制下であっても、無政府主義体制下であっても、アメリカ合衆国型の体制下であっても市場は存在し、存在し続ける。そこはつねに闘争と解放の闘技場なのです。そして、旧共産主義諸国が今やっと資本主義体制になったというのもやはり誤りです。これらの国が三階の諸力、すなわち本物の資本主義の諸力から逃れたことなどいちどとしてなかったのですから。

市場は、実在する社会主義システムにおいてもさまざまな形でその存在を示してきました。闇市場。社会主義体制では不規則に、しかし常時許可されていたさまざまな小商品。個人のちょっとした交換。そしてより大きなものでは、計画を達成するための操作である産業間の大規模な交換。汚職だってそうです。汚職は広範に広がっていました。

一方、独占もまた常にきわめて強力でした。理論上こそ国家それ自体が生産、通商、金融の唯一の中心を表わしていましたが、現実はもっと複雑でした。事実上自律したさまざまな蓄積センターがあったからです。たしかにこれらの互いに切り離された（私的なとは言いませんが）蓄積物には制限や規制がありました。しかしそれが多少厳しかったところでどうだというのでしょう？　いずれにせよ、資本主義経済＝世界においても、あらゆる国で、税金をはじめとするなんらかの制限と規制が蓄積者に課されているわけですから。

かつて社会主義国と呼ばれていたいくつかの国では、一九八九年から一九九一年にかけて、社会主義構造の崩壊が見られました。なぜでしょうか？　ある変動局面がさまざまな力の高まりを可能にし、それが一定の方向に現れてきたからです。しかしこの高まりはじつにさまざまな趨勢が複合しています。地方の独占と特権幹部にたいして、解放をもとめるブローデル的な意味での市場の諸力が一方にあり、その一方で、同じ事をよりよく行なう目的でそれまであらゆる特権を牛耳っていた、非効率的で疲れ果てた独占者を入れ替えたいという諸力がありました。国民の拒否は独占の保障者たる国家にたいして向けられたのであって、調整器としての国家を排除せよという要求ではありませんでした。あるいは東欧全体で起こっていることを見てみればよい。それまで独占に結びついていた諸制度（たとえば共産党）を倒すことに人気はあっても、基本食糧の価格を自由化することに人気はありません。

市場の諸力が以前よりも容易に、あるいは少なくとも以前より政府の介入を受けずに自らを表現できるようになったと言えるかもしれません。今はまだ確言できないにしても。しかし同時に、独占者の力が強まったことを指摘できる可能性もまたあります。ささやかながらもよく分かる例をひとつ挙げてみましょう。ソ連はダイヤモンドの大産出・輸出国で、デビアスが世界市場において張り合うほぼ唯一の競争相手でした。ところが一九九〇年、ソ連というこの強力な組織がデビアスと協定を結んでしまったのです。以来、デビアスの世界的独占を妨げる者がもはやいなくなってしまいました。

旧共産主義諸国でつい先頃起こった実際上の変化を過小評価するつもりはありません。しかし同時に、過大評価もすべきでないと思います。共産主義体制のもとで統制を行ない、大きな生産単位の統制から利益を得てきた人間が、私有化された同じ生産単位の指導者に落ち着いた場合、果たして以前より搾取を慎むようになるでしょうか？　この生産単位の労働者は以前より高い実質賃金をもらえるかもしれないが、もらえないかもしれません。失業の憂き目にだって遭うかもしれない。しかし、資本主義経済＝世界の三つの階はこれからもそれぞれの役割を演じ続けてゆくでしょう。

ブローデル的視点と現代社会

ブローデル自身、これ以上のことを言ってはおりません。対立は永久に続くと考えられそうですし、この歴史システムを変形させ、そのたびごとに不均衡をいっそう耐え難くしてきた何百年も前からの趨勢を探ることも可能かもしれません。この空白のスペースを埋めなければならないのはわれわれなのです。私個人としては、資本主義の経済＝世界内にはこうした何百年も前からの趨勢があると思いますし、増大する矛盾は結局、あるシステムから何か別のシステムへと変形を強いる「システムの転換」[28]をもたらすと考えています。そしてまた、この別のシステムは、われわれの集団的な歴史的選択によって決まるのであって、あらかじめ運命づけられているわけではない以上、まだ決定されていない性質を備えているのではないかとも思います。ただ、この視点については別のところで展開しましたので、いまここでは触れません。

私が重要だと思うのは、ブローデルの視点が、どこの馬の骨ともしれぬ怪しげな小企業主を尊ぶ、隠れた「プジャード主義*」を反映していると誤解しないことです。いやそれどころか、ブローデルの言う「解放者」たる市場は、われわれが現実世界で見慣れている市場ではありません。需要と供給が実際に価格を決定する真に競争的な市場であって、言ってみれば供給と潜在的な（あるいは完全に実現された）需要なのです。もしそういう市場があるとすれば、利潤はごくわずかしか得られず、実際にはほとんど労働にたいする賃金にしかならないでしょう。こうしたシステムは歴史的にまだ実現できません。しかし、ブローデルが市場を持ち出すからといって、八〇年代のいわゆるネオリベラリズムイデオロギーと一緒にしてはだめです。実際、このイデオロギーとはまさに正反対なのですから。

＊訳注　一九五〇年代にフランスでピエール・プジャードが指導した「商人、職人擁護連合」による政治運動。なお、ブローデルがプジャード主義であるといった議論は、アラン・リピエッツ「二十世紀のプルードン」（フランソワ・ドス編、浜名優美監訳『ブローデル帝国』藤原書店、一三四頁）などに見いだせる。

最後に、こうしたブローデルの視点は現代社会にとてつもない意味あいを持っています。もし本物の資本主義が独占であり、市場が現実の市場と違うとするなら、どうすべきでしょうか？　これは、ここ百年間の反システム運動を示唆してきた問いとはおそらくかなり違う形の答えを導く問いです。

以上、一般に受け入れられた資本主義の概念化に対抗してブローデルがいかなる理路を辿ってきたか、みなさんに明らかにしようといたしました。これを私は、資本主義を「反対から」見ると称し、次いで、ブローデル自身が望まなかったこと、すなわち、彼が資本主義を概念化し直した結果いかなる知的、社会的影響が出るかを明らかにしようと試みました。こんな試みをしたからといって、ブローデルが悪いわけではありません。これが私でなく他の人だったら、ブローデルの再概念化からおそらくまた別の含意を引き出してくるでしょう。どんなものであれ、こうした試みのおかげで、ブローデルは、われわれが吟味もせずに使っている前提の領域やわれわれが生きる歴史システムを支える諸制度に、新鮮な風を吹き込むことができるのですから。

注

（1） Braudel, *Civilization*, 1979, vol.II, p.1.（山本淳一訳、『物質文明・経済・資本主義Ⅰ―1 交換のはたらき1』、みすず書房、一九八六年、一頁）

（2） *Ibid*, vol.I, p.493.（『物質文明・経済・資本主義Ⅰ―2 日常性の構造2』、三三〇頁）

（3） *Ibid*, vol.II, p.393.（『物質文明・経済・資本主義Ⅱ―2 交換のはたらき2』、二一〇頁）

（4） *Ibid.*（同、二一一頁）

（5） スペイン語では「暗がりになった地帯〔zonas de sombras〕」としたが、フランス語原文の「不透明地帯〔zones d'opacité〕」より弱い気がする。Braudel, *Civilization*, 1979, vol.I, p.8.（『物質文明・経済・資本主義Ⅰ―1 日常性の構造1』、二―三頁）不透明さ〔opacidad/opacité〕という言葉は、暗がり〔sombra〕よりも密度が濃く、モノがはっきり見えない様子を感じさせるからである。

（6） Braudel, *Civilization*, 1979, vol.I, p.2.（『物質文明・経済・資本主義Ⅰ―1 日常性の構造1』、二一―二三頁）

（7） *Ibid*, vol.I, p.493.（『物質文明・経済・資本主義Ⅰ―2 日常性の構造2』、三三〇―三三一頁）

（8） *Ibid*, vol.II, p.200.（『物質文明・経済・資本主義Ⅱ―1 交換のはたらき1』、二八七頁）

（9） *Ibid*, vol.II, p.369.（『物質文明・経済・資本主義Ⅱ―2 交換のはたらき2』、一七三頁）

（10） *Ibid*.（同、一七三―一七四頁）

（11） *Ibid*, vol.II, p.370.（同、一七六頁）

（12） *Ibid*, vol.II, p.371.（同、一七七頁）ブローデルがここで語っているのは遠距離交易だが、この記述は例えばボーイング社のような現代の企業にもよく当てはまる。

（13） Braudel, *Civilization*, 1979, vol.II, p.6.（『物質文明・経済・資本主義Ⅱ―1 交換のはたらき1』、九―一〇頁）〔ただし「外に向かって開いた扉〔puertas hacia afuera〕」という表現にそのまま対応する語句はフランス語原文中に見あたらない。おそらくスペイン語訳独自の表現だろう。〕

（14） *Ibid*, vol.II, p.191.（同、二八四頁）〔ただし、スペイン語訳はフランス語原文中の débrouille（「〔難局を切り抜ける〕才覚」）を confusión（「混乱」）としている。勘違いだと思われる。〕

（15） *Ibid*, vol.II, p.350.（『物質文明・経済・資本主義Ⅱ―2 交換のはたらき2』、一四六頁）

（16） *Ibid*, vol.II, p.191.（『物質文明・経済・資本主義Ⅱ―1 交換のはたらき1』、二八四頁）

（17） *Ibid*, vol.II, p.359.（『物質文明・経済・資本主義Ⅱ―2 交換のはたらき2』、一六一頁）

（18） *Ibid*, vol.II, p.143.（『物質文明・経済・資本主義Ⅱ―1 交換のはたらき1』、二二一―

二一二頁）原文をスペイン語に訳すにあたって、変更を加えた語がひとつある。フランス語では“rapport de forces”（「バランス・オブ・パワー」）と“rapport de force”（「力関係」）は区別できるが、スペイン語ではできない。この重要なニュアンスの差を出すために私はスペイン語で“sta”（「この」）の代わりに“una tal”（「このような」）を使った。なおフランス語原文は以下のとおり。Quand il y a ainsi rapport de force, que signifient exactement les termes ‘demande’ et ‘offre’? 〔ちなみにウォーラーステインによるスペイン語訳は次のようになっている。Cuando existe una tal relación de fuerzas, ¿qué significa exactamente los terminos ‘demanda’ y ‘oferta’?〕

（19） *Ibid*, vol.II, p.143.（同、二八一頁）

（20） *Ibid*, vol.II, p.355.（『物質文明・経済・資本主義II―2　交換のはたらき2』、一五三頁）

（21） *Ibid*, vol.II, p.362.（同、一六四頁）〔ただし、スペイン語訳ではフランス語原文の“connivence”（「黙許」）が“convivencia”（「共生」）となっている。勘違いであろう。〕

（22） *Ibid*, vol.II, p.364.（同、一六六頁）

（23） *Ibid*, vol.II, p.363.（同、一六六頁）

（24） *Ibid*, vol.II, p.372-373.（同、一七九―一八〇頁）

（25） *Ibid*, vol.II, p.326.（同、一〇九頁）

（26） *Ibid*, vol.II, p.327.（同、一一〇頁）

（27） さまざまな歴史神話の役割についてはMacNeill, *Mythistory*, 1986. および拙稿“Economic”, 1991. を参照。

（28） 「転換〔bifurcación〕」の概念についてはPrigogine y Stengers, *Nueva*, 1984を参照。

参考文献

Braudel, Fernand, *Civilization matérielle, économie et capitalisme, XVe-XIIIe siècle*, Armand Colin, París, 1979.〔フェルナン・ブローデル、『物質文明・経済・資本主義』、村上光彦・山本淳一訳、みすず書房、一九八五—一九九九年〕

MacNeill, Wiliam H., *Mythistory and other essays*, University of Chicago Press, Chicago, 1986〔ウィリアム・H・マクニール、『歴史神話、その他のエッセイ』、シカゴ大学出版局、シカゴ、一九八六年〕

Prigogine, Ilya e Isabelle Stengers, *Nueva alianza, Métamorfosis de la ciencia*, Alianza Editorial, Madrid, 1984.〔イリヤ・プリゴジンとイザベル・スタンジェール、『新たなる同盟　科学の変容』、アリアンサ・エディトリアル、マドリード、一九八四年〕

Wallerstein, Immanuel, "Economic theories and historical disparities of development", *Unthiking Social Science*, Polity Press, Cambridge, 1991, pp.51-63.〔イマニュエル・ウォーラーステイン、「経済理論と発展の史的不均衡」、『脱＝社会科学』、本多健吉・高橋章監訳、藤原書店、七三—九〇頁〕

5　歴史家ブローデル誕生秘話

ポール・ブローデル

このシンポジウムの主催者は、フェルナン・ブローデルと私生活を共にした人でなければ答えられないような事柄を、どうしても私に喋らせたいようです。事実、ブローデルの知的冒険の始まりについて何か話してくれないかと頼まれました。要するに、ブローデル以前のブローデル、知の舞台で脚光を浴びる以前のブローデルについて何か話して欲しいというわけです。

「象の記憶力」

それではと思いを巡らせてみると、たちまちひとつの問題があらわれてきます。一九四九年、すなわち『フェリペ二世時代の地中海と地中海世界』〔邦訳『地中海』〕が出版されたとき、ブローデルはもう四十七歳になっていたのです。それなのにパリの大学界では誰も、というかほとんど誰も彼のことを知りませんでした。リュシアン・フェーヴルを別にすれば、当時の権威ある先生方とはだれひとりとして個人的関係がなかったからです。リュシアン・フェーヴルとは一九三七年に出会うとたちまち、たんなる友情にとどまらない真に打ち解けた関係ができましたが、こうして出会ってから二十ヶ月後にはもう戦争が始まってしまいました。しかもこの戦争はブローデルにとって六年にも及ぶことになりました。うち五年間は捕虜生活です。一九三九年以前は、生涯心の友となるリュシアン・フェーヴルを含めて、ブローデルは本当に話ができる友人を作る暇などなかったのです。戦争がすぐにそれを断ち切ってしまいましたから。

ただ正確に申しますと、物理的な時間こそ断ち切られましたが、心は繋がっていました。それどころか、リュシアン・フェーヴルとの間で続いた往復書簡は、捕虜の身となったブローデルにとって何ものにも優る心の支えでした。ただ、手紙が当局から許された回数はとても少なくて、月にせいぜい一度か二度、しかも短いものしか書けません。なにしろドイツの収容所から宛がわれた紙を使わねばならず、その紙ときたらたった一枚きりで、しかも葉書なんです。真の意見交換なんてどだい無理な話です。

ところが、ブローデルが『地中海』を書いたのはまさにこの長い捕虜時代でした。リュシアン・フェーヴルとの書簡はその意味できわめて重要です（書簡は保管されていました）。ブローデルが『地中海』をいくども書き直しては送っていた相手がまさにこのリュシアン・フェーヴルだったわけですから。一九四一年に初稿を受け取ったとき、リュシアン・フェーヴルは「とてもいい。じつに秀逸で、独創的で、力強く、生き生きとしている」と書き、さらに「書き直すことなんかありません。早く書き終えなさい」と付け加えています。事実、フェーヴルはブローデルがじきに捕虜を解かれて帰還し、そうなれば学位論文が必要になるだろうと考えていたのです。だれひとり戦争がその後四年も続くとは考えていませんでしたからね。一方ブローデルは妻の私にこう書いています。

「リュシアン・フェーヴルが過分な賛辞をくれた。ぼくの本にまだそこまでの価値はない。でも、そのうちこの賛辞に恥じないものになるぞ！」そして、毎年毎年次々と新しい草稿を書いていったわけです。一九四二年の第二稿は初稿とずいぶん違っていました。リュシアン・フェーヴルはあのときは「吃驚したが満足もした」と言っています。そして最終稿が出来上がると、フェーヴルはこう書いています。「私の期待通り、あなたはたんに良い歴史家というばかりでなく、豊かで、明晰で、幅の広い、真に偉大な歴史家になった。［……］ご自分と将来を信頼なさい。揺るぎなく。」（一九四四年十一月十五日）

ここまでくると、とうぜん疑問が生じるでしょう。ブローデルの生涯でもこれほど尋常ならざる時期に、どうしてこんな途轍もない本が書けたのだと。それに、膨大な文献調査のことを考えると、捕虜のまま、いったいどうやってこれを仕上げることができたのかと。

後の質問の答えはいたって簡単。戦争の直前、ブローデルはすでに著作の執筆に取りかかる決心をしていたのです。十五年間に溜まった膨大な数のカードを読み直し、分類を済ませていました。ところで、ブローデルの記憶力というのがちょっと凄いんです。並じゃない。なにしろすべて自動的に記憶してしまうんですから。象の記憶力だって本人が言ってました。だから、こうして読み直していたおかげで、一九三九年の九月には資料が全部頭のなかに入っていたんですね。しかも、想像を絶する正確さで。なにしろ、一九四五年に彼が戻ってきたとき、出典を作る必要があって彼が記憶から引っ張りだして使ったり、引用したカードをまた一枚一枚探しださなきゃならなかったんですが、そのときこの私自身がびっくりしたくらいですから！　この地獄のように退屈な作業のために、カードをぜんぶ年代順に並べ直したんですが、そのときの私たちのやりとりはおよそこんな感じでした。「ねえ、例の一五五九年七月の記事は見つからなかったかい？　やれやれ！　てことは八月に違いない」と、まあ、だいたいこんな調子です……。

だから当時、本の主要な部分は記憶に基づいて書かれたのです。ただ、ドイツ語文献をたっぷり読んで、その分豊かになりました。実は、最初に入ったマインツの捕虜収容所でブローデルは特別待遇を受けていました。同輩を相手に定期的に講義をし、大学の研究指導もしていた関係で、「捕虜収容所大学学長」に任命されたのです。そして、この身分のおかげで、マインツ大学図書館の古文書館からなんでも好きな物を借りることができました。この状況は一九四二年の春まで続きます。しかしそれ以後、状況は一変してしまいました。新しく移されたリューベックの収容所は懲罰のための収容所で、いかなる特権も存在しませんでした。ただ、ブローデル自身の言葉を借りれば、そのころまでに彼はドイツの学識世界の内部へ侵入するために必要な時間を持つことができたのです。

おいたち

以上のことが明らかになってもなお、重要な問いが残っています。『地中海』は、いったいどんな知的根源に、どんな知的淵源に由来すると考えられるのか？　ブローデルはどのような道を通って歴史家になったのか？　こうした質問をブローデルの死後私はいくどとなく受けました。これについては自伝で語られていて（ブローデルはこの本を、マクニールからぜひとせがまれて書きました）、ごく短い自伝であるにもかかわらず、かなりの点について十分な説明を与えています。ですが、今は私が質問を受けているわけですから、私が答えることにいたしましょう。『地中海』とは、一方では、寄る辺ない孤独のなかで進行し、収容所への隔離によっていっそう孤独の極まった、ひじょうに緩慢な成熟の未来形であると同時に、その一方では、大学という枠組みの外で暮らしていたために、大学内部において当たり前の習慣となっているものを免れることができたという偶然の事情の未来形でもあると。ブローデルの人生は、種々さまざまな断片が合成されたかなり混沌としたもので、断片のひとつひとつは、ひじょうに独特な冒険というか経験から成っているのです。つまり、まず田舎暮らしの経験。次いでアフリカの、より正確に言うならマグレブ地域の経験、さらにブラジルの経験、そして最後に収容所の経験があったわけです。

興味深いことに、田舎暮らしの経験はブローデルの最も幼ない頃にまで遡ります。幼年時代、ブローデルは正真正銘の農民の息子として、ロレーヌ地方のリュメヴィル＝アン＝オルノワという村で過ごしました。父方の一族がそこの出身でした。ただ、ブローデルの父親は当時パリの学校で教師をしていて、ブローデルが一九〇二年にこの村で生まれたのは、出産がたまたま八月だったからなんです。毎年夏休みになると家族そろってこの村で過ごしていましたから。ところがまだ一歳のころ、ブローデルは医者に虚弱児と診断されたのです。それで、村の田園地帯にある祖母の家に預けられることになりました。ブローデルはこのお祖母さんが大好きで、『フランスのアイデンティティ』の第一巻を捧げていますが、そこに記された「幼き日の光、祖母エミリー・コルノに」という言葉からもあの人の気持ちが伝わってきます。七歳になるまでずっと祖母と仲良く幸せに暮らし、その後も夏になるとかならず会いにきていました。ブローデルが伝統的な農業にすっかり通暁するようになったのは、まさにこの土地だったのです。植物や樹木、村の職人の道具や仕事――車大工や鍛冶屋や粉ひき――の知識を得たのもここなら、厳密に三年ごとの輪作を行なって耕作地を計画的に利用していることを知ったのもここでした。こうして体に染みついた知識はブローデルのどの著作にもはっきりと表れています。ブローデルの著作で見つけたリュメヴィル村の文物を、面白がって片っ端から挙げた地方史家がムーズにいましたが、そうやってひとまとめにしてみると、ブローデルが、物ばかりか経済や社会について途方もなく完全で正確な全体像を持っていたことがよく分かります。

七歳以降、ブローデルの生活環境はすっかり変わりました。今度はパリ郊外の町メリエルの小学校に通学することになり、ひとりの先生に出会います。ブローデルはこの先生を崇拝していましたが、先生の方でもそれに応えてくれたようです。「まるでミサをするようにフランス史を物語ることのできる」人だった、とブローデルは書いています。その後はパリの町中へ引っ越し、リセ・ヴォルテールに入学し、いっそう貧乏な、括弧つきの都会生活へと続きます。父親という人が昔気質の教師で、教育者としてはすばらしかったし、数学も抜群にできましたが、とても気難しく、とくに息子たちの将来については要求の多い人でした。ブローデルはブローデルで、はいはいと人の言うことを聞くような人間ではありませんから、父親とは激しくぶつかりあっていたようです。ブローデルは医者になりたいのに、父親はパリの理工科学校で勉強させることにすでに決めていました。最終的には両者とも妥協をよぎなくされ、ブローデルはソルボンヌ大学に入学しましたが。ソルボンヌではさしたる情熱もなく歴史学の授業に出席し、まさに記録的な速さで大学の勉強を終えました。

青春時代にパリで経験したこうした出来事はどれもブローデルの胸に暗く、悲しい思い出として残っていたようです。田舎での幼年時代が輝かしい思い出として残っていたように。

修行時代1——アフリカ

しかし二十一歳になるとすぐにまた状況が変わります。教師として初めての任地に赴くため、はるばる北アフリカまで行ったのです。最初はコンスタンティーヌ、後にアルジェでした。こうしてアフリカで過ごした休息期間は足掛け九年に渡りましたが（一九二三―一九三二年）、この期間が将来『地中海』を書く歴史家に持っていた意味をいまさら強調する必要などないでしょう。その意味とは、言うまでもなく、こつこつと堅実な勉強を強制されたあとで味わう自由、生きる喜び、自分が優秀な教師であることを発見した幸せです。しかも発見はこれに止まりませんでした。南の太陽、海、砂漠（ブローデルは駱駝に乗って砂漠を探検しました）、異文化すなわちイスラム文化の発見。地理的な光景も違っている、そんなことまで発見したのです。いつもといささか違った視点から、あの人の言葉を借りれば「逆さまに」、そしてアフリカの縁から、またサハラ砂漠から眺めた地中海を発見したのでした。

そして最後に、この点がいちばん大事ですが、ブローデルが古文書館の世界に没頭するようになったのがちょうどこの時期だったのです。博士論文のテーマに「フェリペ二世とスペインと十六世紀の地中海世界」を選んだのもそのころでした。それで、一九二七年以後、自由な時間があるとほぼきまって――とりわけ夏休みにはかならず――バリャドリー〔スペイン〕近くのシマンカス国立古文書館の大きな文書保管所で過ごすことになりました。

　かといって、古文書館通いがすべてだったわけではなかったことも急いでつけ加えておきましょう。というのも、ブローデルは本や雑誌もよく読んでいましたから。でも、あの人が本当に夢中になれたのは、なにをおいてもまず第一次史料でした。この史料こそが想像力を開く大事な扉だったのです。想像力ならありあまるほど持っていました。想像力に関してブローデル自身、収容所から私にこう書いてきています。「幸い想像力がぼくを見捨てたことはただの一度もない。そうだろう。今だって立派に役だってくれた。娘たちにお話をしてやることはできないけど、その分をぜんぶ自分に聞かせてるんだ。鉄条網に沿って歩きながら。」そして古文書館でも、想像力はあの人をけっして見捨てなかったのでした。

　ある日、バリャドリーであの人が興奮していたことを思い出します。とてつもなく大きな書類の束をあれこれと机の上に並べていました。十六世紀以来一度も開かれたことのないものです。なかなか頁が剥がれなくて、剥がそうとするたびにべりべりとまるで破れるような音がしましてね。で、ふと見ると、そこにはまだ金色の砂が残っているんです。頁のインクを乾かすために当時使った砂です。ブローデルはそれをつまむと指のあいだでこすりながらすっかり夢見心地のようすでした。そして、その金色の砂をいれた小さな袋をその後何年も大事に保管していました。

さてここで、一見矛盾とも思える点についてひとこと言っておかなければならないでしょう。こんなにカードを集めるのが好きな人間が、にもかかわらず、ある種の博学を嫌っていたのはなぜでしょうか。それは、あの人にとって、古文書館とはなによりもまず生きた博学とでも言うべきもので、想像力の扉を開いてくれる大好きな空間だったからです。ブローデルが古文書館をたんなる博学と混同することはけっしてありませんでした。

バリャドリーの古文書館では何人かの歴史家とゆるぎない関係を結びましたが、すべて外国人だったことは強調してしかるべきだと思います。そこにはアール・ハミルトンやフェデリコ・シャボーがいました。ブローデルはよく勉強していましたね。ほんとに夢中でした。しかもとても効率的に。ただ、この効率はひょんなことから得られることになったのです。あの人は、当時出まわっていたかなり値の張る特殊な撮影機を買いたがっていました。かなり時間はかかるけれども（そのころフィルムは手で巻いていましたから）、たった一本のフィルムで資料の写真が連続百枚撮れる（普通の写真は十六枚でした）という優れ物です。ところがちょうどそのころ、たまたまアルジェリアに立ち寄った合衆国の映画技師と知り合いになり、その人が映画用の撮影機を売ってくれることになったのです。もともとはシーンを試し撮りするために設計されたかなり素朴なものでした。その人は、この機械さえあれば、ブローデルが撮りたいものはなんでも撮れることを鮮やかに立証してみせました。なにしろ、フィルムの巻取りが自動だったおかげで、午後いっぱいで二千から三千枚の写真が撮れ、しかも三十メートルフィルムがたったの一本ですむのですから。まさに奇跡です！　この機械のおかげでブローデルはマイクロフィルムの先駆者になりました。マイクロフィルムなどまだなかった時代ですからね。この読みとり機械はそのあとで簡単な幻灯機になります。壁をスクリーンにする代わりに机のうえに映像が映し出されるようにうまく設置して。とんでもない幸運にめぐまれたものです。ブローデルはこれをスペインじゅうの古文書館で、その後はイタリアでも利用、いや濫用しました。この掘り出し物に驚嘆したアール・ハミルトンは、ひと夏かけて同じ撮影機を合衆国じゅう探し回ったが、ついに発見できなかったそうです。あんまり古いんで店じゃお目にかかれなかったんですね！

こうして一方では古文書館を調べて廻っていたわけですが、その一方では講義もやっていましたし、そのうえ『アフリカ雑誌』に論文や書評を書いていましたから、この数年間、ブローデルはあまりに忙しくて、すっかりと言っていいほどパリと疎遠になっていました。しかも、一九二六年にはお祖母さんが亡くなり、続く一九二七年には父親も若くして没してしまいます。パリに帰って歴史学の重鎮のグループに入り、直接助言なり支援なりを受けようなんて、ブローデルはさらさら考えていませんでした。できあいの出世のために決まり切った道を行くなんて野心はいささかも持ち合わせていませんでしたからなおさらです。リュシアン・フェーヴルがミシュレについて言ったように、ブローデルもまた、師を持たざる星の下に生まれてきた人間だということはすでにお分かりでしょう。ただ、一九三〇年、アルジェで歴史科学の大会があったときは別でした。フェルナン・ブローデルは大会の事務助手をしていたのですが、そのため、たくさんの歴史家たちを迎える責任者になりました。たとえば十年前にソルボンヌ大学で講義を受けたアンリ・オゼールがいました。あるいは、アンリ・ベール。この人には後にパリで会うことになります。しかし、当時ブローデルにとって真に重要な唯一の、しかも彼をすっかり魅了した出会いは、ピレンヌとの出会いでした。一九三一年、ピレンヌはアルジェで講演を行ないました。七世紀にイスラムが侵入してきて西洋による地中海の支配が終わるわけですが、この点に関して自説を述べたのです。ブローデル自身がこう言っていました。「ピレンヌの講演はすごかった。まるで彼の手の中で海全体が開いたかと思うと閉じ、閉鎖されたと思うとまた開放されるんだから。」海全体ですよ。ブローデルが地中海に憧れ、地中海それ自体のことを考えるようになったのはきっとこのときでしょう。たぶんこのときに、冴えないフェリペ二世より何倍も色彩豊かでエキサイティングな、地中海の大昔の奇想天外な歴史を考え始めたのです。

修行時代2——ブラジル

一九三二年秋、ブローデルはアルジェリア滞在を終えました。パリに戻ると次々と二つのリセで教え始めました。ところが、パリと関係を結び直すよい機会のはずなのに、そうしないうちに、一九三五年の初頭、あの人は新しい旅の誘いを躊躇なく受け入れてしまいます。新しい冒険への旅。こんどの行き先は南アメリカです。ブラジルのサンパウロに開校したばかりの大学があって、フランスの教授団がそこと契約を結んでいたのでした。ブローデルもこの教授団に入っていて、その後三年間、ブラジルで教鞭を執ることになります。

このブラジル経験、先ほど挙げた三つ目の経験ですが、これはあの人にとってまさに魅惑でした。いつか言っていたように、「仕事のためにも、ゆっくりものを考えるためにも申し分のないパラダイス」だったのです。仕事のためにもと言うのは、ブローデルはヨーロッパが冬になると（ブラジルではこのとき夏です）必ず帰って古文書の山に顔をつっこんでいたからです。もっとも今度はスペインではなくイタリアでしたが。

ああして何キロメートルにもなるマイクロフィルムを持って休暇から帰ってくると、こんどはそれを落ち着いてゆっくり読むことができるわけです。それにブラジル人が気前よく与えてくれる友情も楽しんでいました。何にも煩わされず自分のことに集中できたようです。ブラジルの大学の教師になって、生まれて初めて、あんなふうに心ゆくまで資料を読む自由を与えられたのですから。そのうえ、ゆっくりものを考えるためにもそこはパラダイスでした。あの人はブラジルの風景に魅せられていました。昔タレーランが北アメリカに旅行したときのようにうっとりしていましたよ。まだ移動式の農業、開墾されたばかりの畑、近代化の容赦ない影響力を免れて生き残る族長中心の大家族。こうした二十世紀初頭のブラジルを通して「歴史を遡る旅をしている」ような、まるで昔のヨーロッパを観察し、想像できるような印象を持ったのです。また、パレルモから、ナポリ、ローマ、ヴェネツィア、ジェノヴァ、フィレンツェ、ドゥブロヴニク（かってのラグーザ）へと廻ってからというもの、一九三五年から一九三六年ころですが、フェリペ二世から遠ざかる踏ん切りもついてきました。あまりにも慎重なこの王になにも望む気がなくなってしまったんですね。手許に集めた膨大な資料に後押しされるようにどんどん先まで進み、ついには地中海をテーマに選ぶことになります。こうしてブラジルにいる間にブローデルは博士論文のテーマを変えました。こんどもまた自分だけの力で変え、ソルボンヌ大学の先生ともその他の先生とも議論しませんでした。議論をする場合にも、相手はむしろ私です！　何年のことだったかは思い出せませんが、ブラジルとイタリアを結ぶ一週間の船旅の間ずっと、このテーマの変更の話で持ちきりでした。

いささか運も手伝ってくれたとはいえ、二年後、ブローデルは高等研究院の指導教授に任命されました。ここでブラジルのパラダイスは終わりを告げます。しかしその代わり、以後は個人の研究にすっかり没頭できるというすばらしい自由が保証されました（あのころフランスには、研究のために便宜をはかってくれるような科学的な研究組織は他にひとつもありませんでしたから）。しかも、もうひとつ嬉しい偶然がありました。ブラジルからヨーロッパに帰る船の中で、アルゼンチンから帰国するリュシアン・フェーヴルに出会ったのです。あの長い航路の親密さに培われ、閉じられた小さな世界で続き、二十日のあいだ、敬語抜きで率直な意見が自由に交換されるなか、友情はすぐに深まってゆきました。後にブローデルが言っているように、「ぼくは当時父親のような人が必要だったし、彼の方でも息子のような人が必要だった」のです。

こうしてブラジルから帰国したわけですから、今度こそパリに腰を落ちつけることができるはずでした。リュシアン・フェーヴルは新しい友人に、観念して地中海をめぐる旅を早く「終わりに」するようせき立てていましたし、一九三九年の夏には、フェーヴルの田舎の家に二家族が合流し、ブローデルはそこで論文の準備を始めたくらいです。ところがそこに戦争がやってきた。敗北の悔しさ、そしてその後は、自由を保証するという正式の約束が反古にされ、代わりに不法に捕虜にさせられた——休戦後七日目にして降伏——憤りがやってきたわけです。こうしてブローデルの最後の経験、過酷で困難な、でも決定的で重大な経験、つまり捕虜収容所の経験が始まりました。この長い捕虜生活からやっと帰ってきたのが一九四五年、じつに六年間にわたる不在でした。でも、『地中海』を持って帰ってきました。ほぼ完成させて。すでに一九四二年から、あの論文を書く過程にもし収容所の経験が介入していなかったら、まったく別のものになっていたに違いないと、あの人自身が言っておりました。この「神経を使う」捕虜経験のおかげで「頭がすっきりして、ひとつの主題をじっくり考えることができるようになった」と。

この短い言葉のなかに、あの人の歴史家人生でこの経験がいかなる役割を果たしたか読みとることができます。

捕虜収容所の五年で『地中海』を書く

ただ、みなさんはこうおっしゃるかもしれませんね。こうした修行時代と人生の経験を逐一見てきたところで、ブローデルの思考の道筋を辿れたわけでも、ブローデルがこれから『地中海』を書こうという瞬間を捕まえられたわけでもないと。でも、ことブローデルに関するばあい、そんな風にものを見ようとするのは間違いだと思います。なぜなら、この自己形成期間にあってあの人が目指していたのは、地中海史の特定の概念を練り上げることではありませんでしたから。ブローデルは、飽くことを知らない好奇心をまったく自由に遊ばせていたのです。時間的にも、空間的にも時にとんでもなく離れた無数の事実、無数のディテールをひとつの枠のなかで結びつけることができるあの逞しい記憶力を働かせていました。あの人の「知的冒険」とは自分のなかに少しずつ吸収してゆく緩慢な蓄積の過程でした。とはいえそれは個々のアイデアの蓄積ではなく、アイデアの体系の蓄積ではさらになく、無数のイメージ、歴史の奇想天外な光景を構成し、過去と現在が混じりあっている無数のイメージの蓄積です。しかも、そこでは論理的な秩序にたいする懸念はいっさいありません。あったのはむしろ、なににもましてまず発見の喜びでした。あの人はなんにでも興味を持ち、面白がっていました。例えば古文書館にいるときがそうです。古文書館ではそもそも見つけたいものに出会うことの方がはるかにまれでしたが、ブローデルは一度たりとも失望したことがありませんでした。もし見つけたいものに出会わなくても、その代わり、思いもよらないものに出会えるわけですから。こうした思いがけない掘り出し物を彼は楽しんでいました。あんなふうにあちこち脱線を楽しんだまさにそのおかげで、ブローデルはある日、フェリペ二世よりはむしろ地中海全般に関する膨大な資料を持っている事実に気づいたわけです。

一九三九年のこの時点で、後に歴史のブローデル的概念と呼ばれることになるものでブローデルが頭のてっぺんから足の先まで武装していたなんて思わないでください。あの概念は研究を進めるなかで徐々に形成されていったものなのです。当時あの人は、後に自分の著作となるものを大方脳裏に想い描いていたのでしょうか？　さまざまな時間性をすでに認識していて、そこにこの著作の基礎を置こうと考えていたのでしょうか？

答えは明らかにノーです。当時あの人の頭のなかにあったのは、色調、景色、人、大事件や小逸話といったもの、つまり生そのものを飾り、蘇らせるものの見事な幻影だけだったからです。そのすべてを眺め、感じ、楽しんでいたのです。でもどうしたら、これらをどれひとつ取りこぼすことなく〈理解できる〉作品に導入できるでしょうか？というのも、ここで私たちはさらにもうひとつ、ブローデルの矛盾に遭遇するからです。あの人は、観察したことを論理的に、体系立てて自らに説明する必要など感じていない人でした。観察している間は、それを楽しむことに没頭しすぎてしまう。まるで詩人さ、そんな大袈裟なことまで言ってました（でも嘘ではありません。青春時代にはずいぶん詩を書いてましたから。なくしたことを後になってだいぶ悔やんでいましたけど。私に捧げる詩がテーブルに置いてあったことも一再ならずありました）。しかし、この同じ詩人が同時に教師でもあって、しかもどんな問題であれ他人に説明するときには、そして書くときには一点の曇りもあってはならないという厳しい要求を持った教師なのですから矛盾しています。

　そしてブローデルは、ドイツの捕虜収容所時代に、他ならぬこの厳しい要求に出会うことになります。最終的な解決を求めて全体を次々と書き換え、五年間にわたって熟考することになりました。できることなら、見て、感じて、理解して、想像したことすべてを語りたかったにちがいありません。でも、しかるべき位置になかなか収まろうとしない事物に、同じひとつの首尾一貫した説明を与えるにはどうしたらよいのでしょう?

　たとえば、大昔から存在し続けている地中海、過去と現在が綯い交ぜになった地中海にあの人はいつも魅了されていました。今でも思い出しますが、冬のある日、あれはドゥブロヴニク(昔のラグーザ)でしたが、すぐそばに海軍工廠がある、港に面した大きなカフェに私たちはいました。その日、港は空っぽでした。ふと見ると、そこへ薪を満載した大きな船が威風堂々と入港してきます。夫は私に言いました。「ほらごらん、ぼくたちはいま十六世紀にいるんだよ。」まさにその通りでした。でも、あのときは薪でしたが、その後あの人は小麦の収穫、航海が取らざるを得ないリズム、交通の緩慢さ、山岳地帯に遍在する原始的な美しさ等に取り憑かれていったのです。こうしたことすべてを、文明の大きな衝突や政治的対立、あるいは、十六世紀の地中海をあれほど激しく揺さぶった商業の一大転換と、どうしたら一緒に語ることができるのでしょうか？　逆に言えば、政治的な意図にせよ、金銭的な目的にせよ、それらを君主たちに強いるこの単調な日常生活を同時に意識せずして、ああした大きな衝突や転換を完全に理解することなどできるでしょうか？

というのも、ブローデルはこうしたことをすべて語りたかったからです。でも、あの人の好奇心は多岐にわたっていて、書く段になると、その全域をくまなくひとつの全体に組み込むことができなかった。次々と書き直していったのはそのためです。しかしそうこうしているうちにあることに気づきます。いま目の前にしているこうした現実はどれもまさに異なった時間に属し、違ったリズムに従って呼吸しているのだから、自ずと別々の「時間線」（この表現はブローデル自身のものです）の枠内で展開しているはずだ、と。一九四四年四月の手紙には、「地理的な枠に収まる不動の歴史、全体の動きに関わる深い歴史、出来事の歴史」と、この時間分割についてはっきりと語っています。この説明はついにブローデルを満足させました。こうしてあの人はまったく明晰な論理的説明に到達したのです。ただしそれは、全道程の終着点として、一見混乱した生そのものを深いところで組織する何かの遅ればせな認識としてでした。

このときに到達した地点から事物をはっきり見渡せるようになったブローデルは、私に宛てた一九四四年十二月二十三日の手紙で自らこう書いています。「ぼくはいまとてつもない恩恵のなかにいる。ぼくの本の構成においても執筆においても、今ではすべてがシンプルだ。」そしてこのずっと後に、自伝的な文章の中でブローデルは、自らの歴史概念が最終的には、「伝統的な歴史学の叙述がどうやら捕捉できなかった光景――地中海の光景――を前にして唯一可能な知的反応として」不可避だったと書くことになります。ここで〈光景〉と言っているのは、あの人の出発点になったのがひとつの光景であって、あらかじめ存在する観念ではなかったからです。ここにこそブローデルの知的遍歴を解く鍵があります。ブローデルの仕事を貫く方法は、決して論理学者の方法でも、哲学者の方法でもありませんでした。おそらく芸術家の方法だったのではないでしょうか？ この点にかんして、私はフランソワ・フルケの意見に大いに与するものです。いずれにせよ、二十年か二十五年前、私が著作家ブローデルのメカニズムについて初めて個人的に考えるようになったきっかけは、歴史とはまったく関係ないある著作、たしか『視覚認識』というタイトルだったと思いますが、そのなかの一節でした。この本に語られているのは、書きたい風景を前にしたひとりの画家の例です。画家はすべてを観察し、おびただしい物質的細部を吟味します。ところが、画家を本当に魅了している意味作用はいぜん曖昧なままで、はっきりと意識できません。こうしたもの全体の裏に、こうした細部の総体の背後に何かが感じられるのですが、それが掴めないのです。となると、画家にとって絵を描くという営為は、この内的な認識を画布のうえに表わし、混乱したただのマッスを解読して、そこから真に意味のある線を掴み出し強調することになるだろう、とその本は言います。記憶のなかで少々変形してしまったかもしれませんが、この短い条りを読んだときすぐに気づいたわけです。歴史家ブローデルの内的な作業方法について私が無意識に感じていたことはこれだって。

こうした観点に立ってこそ、ブローデルが捕虜生活のただなかの一九四二年に、この経験がなかったらきっと同じ本を書いていなかっただろう、と手紙に記した理由がよりよく理解できます。自伝的な文章のなかでブローデルは、ある日の夕方、フィレンツェで出会ったひとりの若いイタリア人哲学者の言葉を思い出してコメントを加えています。「あの本は収容所で書かれたんですか？　ああ、それでいつでも観想的な印象があるんですね。」これに対してブローデルはこんな言葉で締めくくっています。「ええ。たしかに何年にもわたってずっと地中海と向き合って、じっくり思いを巡らしてきましたから。

そのおかげで私の歴史観は最終的な形を得られるようになりました。〈すぐには気がつきませんでしたけど〉。」

最後にひとつ、ブローデルは同じ環境のなかで倦まずたゆまず書き直すために必要な時間をじゅうぶんに持てたのは（それだけが楽しみでしたから）あの五年間だったことをつけ加えておきましょう。そしてあのとき、ほとんど記憶に頼って同じひとつのテクストの新版を次々といくつも書くことによって、悪いところを縮めていったのだと思います。しかも、修正するさいには、前の原稿に手を入れることすらせず、頭から最後まるまる書き直していました。ある日あの人に、あれじゃあ時間と体力の無駄だったんじゃないかしらと言ったら、笑って、ああしかできなかったんだよという返事が返ってきました。そしてこう言うのです。「それに、マティスが同じモデルの同じ肖像を毎日毎日新しく描いていた話を教えてくれたのは君自身じゃないか。マティスは毎日毎日デッサンをくずかごに放り込んで、最後にやっと本当に気に入る線が見つかったんだって、批判せずに話してくれただろ。となると、結局、ぼくのやってることとそんなに違わないよ！」

確かに、これこそまさにあの人のやり方でした。進みながら壊してゆくことになるところまでも含めて。したがって、リュシアン・フェーヴルが戦時中、おそらくスイス大使館の仲立ちがあって、次々に受けとった『地中海』の三つ、ないしは四つの草稿が正確に言ってどんなものだったかと問うても仕方ありません。この段階のブローデルの思考がどんなものだったか、大いに興味をそそられるところではありますが、そのころのものは何ひとつ残されていないからです。マティスのデッサンと同じで、作者自身の手ですべてくずかごへ放り込まれ、そこで運命を終えたのです。

6　社会科学の総合化――ブローデルの知的遍歴

モーリス・エマール

初期の知的遍歴はフェルナン・ブローデルの人生においてあまり知られていない部分ですが、そのお話をなさったポール・ブローデル夫人のあとですから、私としてはいささかお話しがしづらい。ちなみに、初期というのは、まったく新しく独創的な名著『フェリペ二世時代の地中海と地中海世界』を捕虜収容所という異例の条件下で練り上げるまでの時期を指します。歴史家にとって『地中海』がどれほど新しく、かつ重要だったかはルッジエロ・ロマーノが力説なさっていますが、ブローデル夫人の証言によれば、ブローデルはアカデミックな世界において「師」も、個人的に指導を仰ぐべき人物もいなかったそうですから(かといって友人がいなかったわけではありません)、この本は孤軍奮闘の結晶、つまり、ひとりの男が主題を見つけたあと、それにふさわしいプラン、提示方法、文体を自ら発明しつつ書いた本ということになるでしょう。

ところがそれ以後、フェルナン・ブローデルをめぐる状況はすっかり変わってしまったように見えます。『地中海』出版以降、ブローデルは周囲からお墨付きをもらい、偉大な歴史家として遇されるようになって、それまで孤独な研究を続けてきた彼が、死ぬまでの三十五年間、フランスのアカデミズムにおいて中心を占める地位に次々と就いていったからです。いま中心を占める地位と言い、権力のある地位とは申しませんでした。なぜなら、権力とはたんなる結果であって、地位そのものが与える対象でも象徴でもないからです。そのうえ、フェルナン・ブローデルはいちどたりとも権力そのものを追い求めたことはありませんでした。いや、むしろこう言った方が正確でしょう。他ならぬフェルナン・ブローデルがこうした地位を中心的な地位に変えたのだと。なにしろブローデルが任命されたとき、これらの地位はまったく周縁的なもので、その後に獲得した地位と雲泥の差があったからです。たとえばブローデルがリュシアン・フェーヴルから引き継いだコレージュ・ド・フランスですが、アカデミックな信望はあったとしても大学外の機関にすぎず、博士論文を独占していたのは大学でした。だから、ブローデルが若手共同研究者の正式な研究指導教授になることはその後も絶えてなかったし、博士論文の審査員になるにも七〇年代まで待たねばならなかったわけです。

あるいはブローデルがリュシアン・フェーヴルと共に一九四七年に設立し、その十年後にブローデル自身が部長職に就任した高等研究院についてもそうです。最初は周縁のちっぽけな機関で、研究の方法論は教えても、大学で学歴を積もうとする者にとってはあまり役に立たない資格しか出していませんでした。社会科学の急速な発展と、伝統的な大学における研究者養成の手薄に乗じて第六部門を中心的な組織にまでしたのがリュシアン・フェーヴルと、とりわけ七〇年代のフェルナン・ブローデルだったのです。この組織は、大学に正式の講座が存在しない学問（人類学などがこれに当たるでしょう）を教え、こうした知的分野にかんしてはより質の高い、より新しい本を出版するようになりました。

第六部門の中にブローデルが設立・発展させた歴史研究センターについても同じことが言えます。ブローデルはそこを、個人・団体を問わず、かなりの資金を必要とし、国外の古文書館に長期間滞在しなければ実現できない研究が行なえるフランスで初めてのセンターにしました。ピエール・ショーニュとユゲット・ショーニュの『セビーリャと大西洋』が、このセンターで切り拓かれた可能性を示すよい例です。

いずれ近いうちに大学の教員になる可能性がある優秀な人材を含んだ若いリセ教員を選抜し補充するプロセスに、あるレベルにおいて責任を負っているのが歴史学教授資格試験委員会の委員長です。委員長は例外的な地位を持っていて、この場合、いわゆる伝統的な権力地位を指すわけですが、ブローデルはこの例外的な地位を、前途有望な志願者を発見し、指導し、その先援助できるような中心的地位に変えたのでした。

こうして六〇年代、七〇年代、ブローデルは能力をフルに発揮して、自らが占める地位をことごとく中心化していきました。とはいえ、この事実は、その後彼が相対的に孤立していたという事実と矛盾するわけではありません。それどころか、この孤立化は中心化の必然的帰結だとすら言えるかもしれません。なぜなら、ブローデルはアカデミックな組織出身の研究者ではありませんでしたから。アカデミックな組織の出身者なら、長い徒弟期間と多くの妥協を経て権力の中心に到達するはずです。ブローデル個人にとってアカデミックな権力とは、学問政策を発展させるための手段にすぎませんでした。そして、ブローデルをかかる中心的な地位に押し上げたのも、フランス国内のみならず国際的な状況も見据え、重要な分野に集中的に力を注いでいたこの学問政策に他なりませんでした。

以上のことから明らかになるのは、一九四八年以降、ブローデルの時間と活動の大部分が、また、出版された本の大部分が、自らの地位に伴う責任を全うすることと、この学問政策を明確にし、具体化するプロセスに結びついていたということです。以下にこの学問政策の要諦を挙げましょう。

ブローデルの学問政策

(1) 第一点は、『地中海』およびエルネスト・ラブルースの労作『アンシャン・レジーム末期から革命初期におけるフランス経済の危機』によって拓かれた方向に沿って歴史を体系的・計画的に研究すること。すなわち、経済や社会全体の深い構造と運動を解明できる数量歴史学を発展させるために、入手可能な時系列資料をシステマティックに利用するよう促進することです。それにより地中海にとどまらずヨーロッパ全体が、また、ヨーロッパ以外では大西洋、太平洋、インド洋といった大きな海洋空間が特権的な研究地域になり、中世の最後の数世紀と近世が特権的な研究時期になりました。最も重要な研究テーマを見てみると、商業や流通、港や国際金融といったものを扱う初期の研究から、農業生産と工業生産、さまざまな消費と人口を扱うその後の研究へと明らかな発展があることに気づきます。最後に挙げた消費と人口の研究は、歴史人口学の発展によって促され、最近徐々に自律性を獲得してきた分野です。こうした発展の背後には、経済学者と交えた議論の影響が見られます。五〇年代初頭にはフランソワ・ペルーらフランスの経済学者との議論がありましたし、その後にはR・ロストーと彼の〈離陸《テイク・オフ》モデル〉にかんする議論や六〇年代の「新しい経済史」との議論がありました。こうした観点から見るなら、単独で考察されたヨーロッパ近代史にとって中心的な問題とは、そして、ヨーロッパがこの時期に支配力を拡大・強化していた地域との比較で考察されたヨーロッパ近代史にとって中心的な問題とは、産業革命以前のヨーロッパの意識および／または発達の力学、フランス革命以前のヨーロッパ社会における変化の力学、その他十九世紀のさまざまな政治革命の力学、これらの力学がはらむ問題です。『物質文明・経済・資本主義』の第二巻、第三巻は、ブローデルが中心になって七〇年代に鋭意推し進められた共同研究の反映であり、結実なのです。

（2）この学問政策の二番目の主要な側面は、さまざまな社会科学、まずは経済学、社会学、人類学、歴史学の間に対話と共同作業を組織することです。そのためには高等研究院第六部門がうってつけの道具になりました。ブローデルはこの対話を二つのレベルで組織しようとしました。第一レベルはさまざまな学問分野の直接的な対話で、それを実現するために、ブローデルは、歴史学をあらゆる社会科学に共通の言葉すなわち共通言語にすることを提案しました。と同時に、経済学中心主義、地理学中心主義、社会学中心主義、歴史学中心主義、人口統計学中心主義等々といった形で存在する社会科学の帝国主義には一定の歯止めをかけようとしています。第二レベルは、中国、インド、アフリカ、ソ連といった特定の文化エリアを研究するさまざまな学問分野の専門家たちが集い、同じ釜の飯を食べながら一緒に仕事をする研究センターを創設しようというものです。フェルナン・ブローデルはまず第一レベルの仕事に集中しました。方法論にかんする彼の主要な論文「歴史学と社会科学——長期持続」（一九五八年）、「人文諸科学の統一性と多様性」（一九六〇年）、「歴史学と社会学」（一九五八年）、「人口統計学と人間諸科学の諸次元」（一九六〇年）はほぼすべてが、高等研究院第六部門の部長に任命された直後のこの時期に書かれています。

（3）三点目は、歴史その他の社会科学の教え方を、リセ、大学などあらゆる学校レベルで改革しようというもくろみです。ブローデルは、自著『現在の世界』〔Robert Philippe, Fernand Braudel, Suzanne Baille, *Le monde actuel*, Belin, 1963, *Grammaire des civilisations* として再刊、邦訳『文明の文法』松本雅弘訳、みすず書房、一九九五―一九九六年〕で示したモデルに沿って、世界のあらゆる主要な文化エリアの歴史、地理、経済をリセの最終学年で一緒に教えるというやり方を提案しています。また、新たに社会科学部を創設し、新しい博士課程、すなわち第三期の博士課程を置くようにも提言していますし、研究者たちが労作を出版でき、第六部門で専門教育を受けた最も優秀かつ傑出した研究者を大学教員として任命できるよう、大学と第六部門が協力すべきだとも述べています。

第一の点、すなわち学問のプログラムについては概ね実現しえたブローデルも、第二の点、第三の点にかんしては、多くの抵抗に遭いました。こうした抵抗はさまざまな学問分野からやってきましたが、なかには帝国主義的な反応もありました。「長期持続」にかんする論文は、明らかに、伝統的な歴史学に対抗して書かれたものですが、より深いところでは、冷たい歴史、すなわち不動の歴史（そして、フェルナン・ブローデルが明らかにしたようなほとんど動かない歴史）を人類学の専売特許にしようとするクロード・レヴィ＝ストロースのもくろみに対抗しているのです。

大多数のリセ教員からも抵抗がありました。ブローデルの「改革された」カリキュラムはほぼ即座に無視されました。また、社会科学部という彼の企画にたいしてもアカデミックな組織からの抵抗がありました。政治学院、法学部、経済学部、文学部、人文学部が統合プロジェクトを阻みました。さまざまな研究センターがそれぞれの学問的独立を保ちながらも一緒に活動する人間科学館の創設が最終的な妥協の産物になるわけです。せめてもの慰めは、大学だけでなく第六部門でも準備ができる第三期の博士課程を新たに設置できたことですが、それにしても、第六部門の修了証書を持ちながら大学に教員として呼ばれる人は多くありませんでした。

コレージュ・ド・フランス教授、第六部門の部長職、教授資格試験の審査委員長、人間科学館の創設、改革委員会の正式メンバー。こう並べてみると、フェルナン・ブローデルがとりわけ公務にかかわる政治的な人間だと受け取れますが、逆説的なことに、こうした指導と実務を集中的にこなしていたまさにその何年かの間にアカデミックな活動も集中しており、さまざまなテクストがこの時期に書かれているのです。

ブローデルの著作・出版活動

一九五七年から一九六七年の十年間の間にフェルナン・ブローデルは一、一九五八年から六〇年に書かれた方法論にかんする論文、二、『現在の世界』という教科書、三、『地中海』第二版、四、『物質文明』第一巻、以上を上梓しています。

これ以後、『イタリア史』〔Storia d'Italia〕に寄稿した文章を唯一の例外として、一九七九年に三巻本『物質文明・経済・資本主義』を上梓するまでの十年以上にわたって沈黙に近い時期が続きます。

こうして見てみると、フェルナン・ブローデルの出版活動にははっきり異なる二つの時期があること、つまり連続的な要素を分析すべき時期と不連続な要素を分析すべき時期とがあることがわかります。

『地中海』(一九四九年の初版)から一九五七―一九六七年への連続性は明らかです。

ルッジエロ・ロマーノとの共著『リヴォルノ港に入港した船舶と積荷（一五四七―一六一一年）』以後は、『地中海』第二版（これは初版と同じ本であると同時に違う本でもあります――とりわけ違っているのが第Ⅱ部に当たる部分）が、フェルナン・ブローデルの個人研究と歴史研究センターで彼が組織する共同研究、および主としてイタリアの古文書館における個人的調査の結果をわれわれに伝えてくれています。いっぽうブローデル個人としては、一九五八―一九六〇年の方法論的な論文のなかで、『地中海』を書く過程から得られたさまざまな成果、とりわけ構造と変動局面の区別や歴史のさまざまな時間性といった成果を敷衍し、説明しています。この点にかんして、私はルッジエロ・ロマーノの発言に賛成です。ロマーノは私よりも巧みにこんな言い方をしています。『地中海』の功績は、これが偉大な歴史書であると同時に、これから書かれる本の母型《マトリックス》、すなわち一種の鋳型になっていることであると。

しかし、不連続もまた重要です。そして、ルッジエロ・ロマーノがフェルナン・ブローデルの称賛者であるとしても、ある種の批判者と同じく、たった一冊の本でブローデルを云々しようとしている点で、私は彼に同調できません。私としてはむしろ、一見重要でなさそうな論文やインタビュー記事、雑誌に発表した論文や大衆向けの文章まで含めて、フェルナン・ブローデルのすべてを読む必要があるとぜひ言いたい。というのも、こうした材料はつねに二重の働きを負っているからです。ひとつは以前発表されたアイデアを繰り返したり、単純化したり、あるいはまた考えなおしたり、言い換えたりする働き。もうひとつは、最終的な定式化を見つけだすまえに新しいアイデアをあれこれと試す働きです。このふたつめの働きはわれわれにとって重要です。ブローデルが『地中海』のさまざまな版を次々と進んで破棄し、『物質文明』の方も大多数の版を破棄してしまったからです。したがって、つね日頃から「教育とは繰り返すことである」と語ってきた歴史家の草案をわれわれは考慮に入れることができない。だから、一見すると価値の低そうなこれらのテクストも、われわれにとってみればブローデルの言葉の軌跡であって、彼が自らの思想をどう練り上げていったかを理解する手がかりになるわけです。

不連続に話を戻せば、この一九五八年から一九六七年にかけて重要な不連続が二つあったと私は考えています。ひとつめはフェルナン・ブローデルの視野が世界に向かって広がったことです。それは『現在の世界』〔邦訳『文明の文法』〕(『現在の諸文明』というタイトルでスペイン語に訳されています)と『物質文明・経済・資本主義』第一巻にはっきりと表れています。こうした視野の拡大は後にフェルナン・ブローデル自身によって、事物は全体のなかに置いたときはじめて理解できる、と定式化されました。大きな文化エリアについて研究してもらうために、ブローデルは中国の専門家エチアヌ・バラーシュ、インドの専門家ダニエル・ソーナーといったさまざまな専門家たちをセンターに招聘しましたが、視野の拡大はこうした人たちに支えられてこそ可能だったのです。

ふたつめの不連続は、『地中海』の語彙になかった新しい言葉が現れ、ブローデルの語彙に入ったことで、それ以来母型としても鋳型としてもそれまでのものと同じくらい重要になりました。〈階層〉です。この言葉が何に由来するのか、いつ現れたのか、私にはっきりしたことは言えませんが、五〇年代の終わり頃から目に付くようになったことだけはほぼ間違いありません。これは私の個人的な印象ですが、フェルナン・ブローデルが最初の頃この言葉を使っていた文脈から考えると、これはポーランド、チェコスロバキア、ハンガリーといった東欧の社会主義国、さらにソ連をいくどか訪れた経験から出て来た反応ではないか。つまり、これらの社会がそれまでの経済的・社会的階層を払拭しようという綱領を掲げながら、最終的には以前にも増して厳格かつ切迫した別の階層(かならずしも新しいわけではないが、それまでとは別種の階層)を再構築してしまったという発見と関連しているのではないかと思うのです。

あれから二十五年、三十年経った今でも、ブローデルのこうした主張が引き起こした反動的なまでに単純化された批判や非難が脳裏に浮かびます。あるいは私の思い違いかもしれませんが、重要なのは、この頃からフェルナン・ブローデルにとって「階層のない社会」はなくなったということです。

さまざまな時間性の区別が『地中海』という建物を開ける鍵であったように、階層は『物質文明・経済・資本主義』という建物を開ける鍵になります。この二著作における三区分は内容も違えば意味も違います。ひとつの建物の複数の階という比喩は同じですが、今度は三階が支配的な働きをしており、析出された三つのレベルのあいだには弁証法的な関係があるのです。

フェルナン・ブローデルがこの直感を最終的に定式化するまでに十二年かかりますが、その十二年間はふたつの出来事によって特徴づけられます。ブローデルに根本的な切断をもたらしたその出来事とは、一九六八年の文化革命〔いわゆる五月革命〕と一九七三年の国際的な経済危機です。

ブローデルは一九六八年についてあまり書いていませんが、これが「母型にかかわる出来事」であって、その帰結は長期持続からのみ見ることができると繰り返し述べています。そしてまた、「構造的な革命が実現できないとき、社会は文化的な革命を遂行する」とも言っています。その結果が文化と宗教への新たな関心の現れで、七〇年代、八〇年代に書かれたブローデルの文章にはことごとくそれが看取できます。たとえば、ヨーロッパ史について結論めいたものが書かれた一九八二年の著書『ヨーロッパ』〔*L'Europe*, F. Braudel et al., Arts et Métiers Graphiques, Paris, 1982.〕において、ブローデルは『物質文明』で経済に当てはめた三分割と同じ三分割を宗教に当てはめています。すなわち、目につきにくい黙した基層レベルには民衆信仰があり、その上に教会によって組織された公式的な宗教のレベルが乗り、最後に十六・十七世紀に無神論の学説（もっとも、これは社会的なエリートの専有物として今なお残っていますが）を産み出した人文主義者や知識人層のレベルがやってくるわけです。同じ視点から当時フェルナン・ブローデルは文化＝世界についても語っていて、加えて、経済の中心と文化の中心が決して一致しないことも力説しています。

一九七三年に始まった世界的な経済危機がブローデルにとって重要であったことの方がずっとよく知られています。フェルナン・ブローデルは大方の経済学者の意見に反対し、これはコンドラチェフ周期の変化であって、何百年にわたる傾きを持った変化である、とほぼ間髪を入れずに断言しました。資本主義を再構造化し、経済生活を組織化するための危機である、というわけです。これにかんしてブローデルは、中小企業のダイナミズムによって工業生産が再編されること、合衆国の経済支配力が危機に陥っていること、ニューヨーク・大西洋側から合衆国東海岸・日本・太平洋へと世界の重心の場所が移動するという原理によって、国際資本主義のシステムがおそらく世界的に再編されることを強調しています

より深いレベルにおいて、この危機は『物質文明』第一巻の一九六七年の序文でフェルナン・ブローデルが提出した問いにたいする答えになっています。この時点で、下の二つの階、すなわち物質生活と経済生活についてはいかなる疑問も持っていないブローデルも、「こんなに厄介な資本主義という言葉が、三番目の階を指すのに役に立つのだろうか?」と自問しています。三つのレベル、三つの領域があるとすでに断言しながらも、本は二巻構成になっていて、一巻目は物質生活に、二巻目はブローデルが勝者と呼ぶもの、すなわち経済生活と資本主義に充てられているのです。しかも階層という言葉はまだここでは使われていません。ここで語られているのはただ、旧体制の崩壊をうまく利用しえた「世界の少数特権者」だけです。

十二年後、答えは歴然としていました。「三分割は彼の著作の中心的な参照事項になり」、十七世紀から十八世紀にかけての社会および「現代社会にとって」有効性を発揮するようになっていたのです。この頃になると、一巻を独立させ、それを上部構造として規定される資本主義にまるごと充てることにいささかの疑問も抱いていませんでした。階層という言葉がいくども使われるいっぽうで、経済＝世界という用語も空間的な枠組みを構成するようになります。

こうした過去と現在の平行関係、近代と現代のパラレリズムもまたフェルナン・ブローデルの新たな省察の対象になるわけです。『地中海』には死者の美しさがありました。ブローデルは地中海にさらなる繁栄の一世紀あるいは一世紀半を与えることができました。十七世紀中葉に凋落が始まると地中海を捨ててしまいましたが、こうして構築された建築法は、地中海と同じ重要性、同じ持続を持つ他の海洋空間、たとえばインド洋を描く本に応用できるものでさえありました。しかし『物質文明』の方は一個の歴史書を越えています。この本の結論、すなわち資本主義の現在と未来にかんする問いかけは、資本主義の意味全体を問いに付すものなのだからです。

このへんで止めなければなりません。ブローデルが完成させることのできなかった最後の本『フランスのアイデンティティ』についてお話する時間はもはやありません。問題は今日第一部しか読めないということで、これは一九六七年から一九七九年にかけて『物質文明』の第一巻しか読めなかった状況とまったく同じです。一巻だけを取り上げてあれこれとあげつらう人は当時たくさんいました。でも、『地中海』の第I部しか読まない人間が『地中海』をどう考えるでしょうか？　『フランスのアイデンティティ』の序文に示された今後の見取り図に、国家、社会、文化など、ブローデルが新たに取り組むはずだった一連のテーマが予告されていることを私たちは知っています。最終的な結末は予告の見取り図とかなり違ったものになっていたはずです。したがって、この本を書くあいだには、書く過程を通して第三のブローデルが、私たちが知っている二人のブローデルと同一人物でありながらそれとも違う第三のブローデルがおそらくその姿を見せていたことでしょう。残念なことにブローデルには時間が残されていませんでした。われわれとしてはただ想像を逞しくしてみるばかりです。

ル＝ロワ＝ラデュリ、エマニュエル（Emmanuel LE ROY LADURIE, 1929-　）
フランスの歴史家。『ラングドックの歴史』（白水社）『気候の歴史』（藤原書店）

ル・ゴフ、ジャック（Jacques LE GOFF, 1924-　）　フランスの歴史家、中世史研究家。『中世の知識人』（岩波書店）、『中世の高利貸』（法政大学出版局）

ルプティ、ベルナール（Bernard LEPETIT, 1948-1996）　フランスの歴史家。『近代フランスにおける都市』、『鉄道と水路』

ループネル、ガストン（Gaston ROUPNEL, 1871-1946）　フランスの歴史家。『ブルゴーニュ』、『フランス農村史』

レイン、フレデリック・チャピン（Frederic Chapin LANE, 1900-1984）　アメリカの歴史家。『ヴェネツィア社会史・経済史研究』、『ルネッサンス期のヴェネツィアにおける船舶と造船業者』

レヴィ＝ストロース、クロード（Claude LÉVI-STRAUSS, 1908-　）　フランスの人類学者。『構造人類学』（みすず書房）、『野生の思考』（みすず書房）

ロストウ、ウォルト（Walt Whiteman ROSTOW, 1916-　）　アメリカの経済学者。『大転換の時代』（ダイヤモンド社）、『二十一世紀への出発』（ダイヤモンド社）

ロマーノ、ルッジエロ（Ruggiero ROMANO, 1923-2002）　イタリアの歴史家、経済史家、ラテンアメリカ史研究家。『14・5 世紀の地中海における小麦売買について』、『ブローデルと私たち』

ワシュテル、ナタン（Nathan WACHTEL, 1935-　）　メキシコの歴史家。『敗者の想像力』（岩波書店）、『神々と吸血鬼』（岩波書店）

マクニール、ウィリアム・ハーディー（William Hardy MACNEILL, 1917- ）　アメリカの歴史家。『戦争の世界史』（刀水書房）、『疫病と世界史』（新潮社）

マティス、アンリ（Henri Émile Benoit MATISSE, 1869-1954）　フランスの画家。「ダンス」、「赤いアトリエ」

マトヴェイエーヴィチ、プレドラグ（Predrag MATVEJEVIC, 1932- ）　クロアチアの哲学者、エッセイスト。『旧東欧世界』（未来社）、『安住の地と亡命の間で』

マルクス、カール（Karl Heinrich MARX, 1818-1883）　ドイツの哲学者。『資本論』（岩波文庫ほか多数）、『共産党宣言』（岩波文庫）

ミシュレ、ジュール（Jules MICHELET, 1798-1874）　フランスの歴史家。『フランス史』、『民衆』（みすず書房）

モーロ、フレデリック（Mauro Frédéric MAURO, 1921- ）　フランスの歴史家。『ブラジル史』（白水社）、『中世ヨーロッパ社会経済史』

モラン、エドガール（Edgar MORIN, 1921- ）　フランスの社会学者。『人間と死』（法政大学出版局）、『出来事と危機の社会学』（法政大学出版局）

モリノー、ミシェル（Michel MORINEAU, 1929- ）　フランスの経済学者。『商人、商会、商取引』、『見せかけだけの急速な経済発展』

ラコスト、イヴ（Yves LACOSTE, 1929- ）　フランスの地理学者。雑誌『ヘロドトス』主宰。『地理学はまずもって戦争に役立つ』、『低開発諸国』（白水社）

ラッツェル、フリードリッヒ（Friedrich RATZEL, 1844-1904）　ドイツの人文地理学者。環境による決定論を唱導した。『アジア民族誌』（生活社）、『ドイツ』（中央公論社）

ラブルース、エルネスト（Labrousse ERNEST, 1895-1988）　フランスの歴史家。『アンシャンレジーム末期と大革命初期におけるフランス経済の危機』、『十八世紀フランスにおける価格および所得の変動』

リクール、ポール（Paul RICŒUR, 1913- ）　フランスの哲学者。『現代の哲学 I II』（岩波書店）、『意志的なものと非意志的なもの I II III』（紀伊國屋書店）

リピエッツ、アラン（Alain LIPIETZ, 1947- ）　フランスの経済学者、ヨーロッパ議会議員。『勇気ある選択』（藤原書店）、『緑の希望』（社会評論社）

ブルデュー、ピエール（Pierre BOURDIEU, 1930- 2002）　フランスの社会学者。『ディスタンクシオン』（藤原書店）、『再生産』（藤原書店）

ブレスク、アンリ（Henri BRESC, 1939- ）　フランスの歴史家。『地中海世界、シチリアの経済と社会（1300-1450）』、『シチリアの書物と社会（1299-1499）』

ブローデル、フェルナン（Fernand BRAUDEL, 1902-1985）　フランスの歴史家。『地中海』（藤原書店）、『物質文明・経済・資本主義』（みすず書房）の他に『文明の文法』（みすず書房）、『都市ヴェネツィア』（岩波書店）など

ブローデル、ポール（Paule BRAUDEL, 1914- ）　フェルナン・ブローデル夫人。

ブロック、マルク（Marc Léopold Benjamin BLOCH, 1886-1944）　フランスの歴史家、中世史研究家。リュシアン・フェーヴルとともに『アナール』を創刊。1943 年、レジスタンス運動に加わり、ドイツ軍に捕らえられて銃殺された。『封建社会』（みすず書房）、『奇妙な敗北』（東京大学出版会）

フンボルト、アレクサンダー・フォン（Friedrich Wilhelm Heinrich Alexander Freiher von HUMBOLDT, 1796-1859）　ドイツの博物学者、地理学者。『コスモス』、『新大陸赤道地方紀行』（岩波書店）

ヘーゲル、フリードリッヒ（Georg Wilhelm Friedrich HEGEL, 1770-1831）　ドイツの観念論哲学者。『大論理学』（岩波書店）、『精神の現象学』（岩波書店）

ベール、アンリ（Henri BERR, 1863-1954）　フランスの歴史家。『総合雑誌〔Revue de synthèse〕』を発刊し、『アナール』の先駆けを作った。『世界史の余白に』、『歴史学における総合』

ペギー、シャルル＝ピエール（Charles-Pierre PÉGUY, 1915- ）　フランスの地理学者。『空間、時間、複雑性』、『水平と垂直』

ペルー、フランソワ（François PERROUX, 1903-1987）　フランスの政治経済学者。『疎外と工業社会』（紀伊國屋書店）、『経済と社会』（ダイヤモンド社）

ベンヤミン、ヴァルター（Walter BENJAMIN, 1936- ）　ドイツの作家、文学批評家。『ドイツ悲劇の根源』（筑摩書房）、『パサージュ論』（岩波書店）

ポミアン、クシシトフ（Krzysztof POMIAN, 1934- ）　フランスの歴史家、哲学者。『コレクション』（平凡社）、『ヨーロッパとは何か』（平凡社）

(監修)、『歴史をつくる』(監修)

ハミルトン、アール・ジェファーソン (Earl Jefferson HAMILTON, 1899-) アメリカの経済学者。『スペインにおける戦争と物価』、『政治経済学のランドマーク』

バラーシュ、エチアヌ (Etienne BALAZS, 1905-1963) ハンガリーの歴史家。『中国文明と官僚制』(みすず書房)、『中国の諸相』

バルカン、オメル・ルトフィー (Ömer Lütfi BARKAN) トルコの歴史家。

ビュルギエール、アンドレ (André BURGUIÈRRE, 1938-) フランスの歴史家、人類学者。『景観と農民』、『歴史科学事典』(監修)

ピレンヌ、アンリ (Henri PIRENNE, 1862- 1935) ベルギーの歴史家。『ヨーロッパの歴史』(創文社)、『中世ヨーロッパ経済史』(一条書店)

ピント、ルイス (Luis PINTO, 1904-) ブラジルの歴史家。『パライーバ州の歴史と発達の基礎』、『タヴァレス・バストス、理想と命令』

フィリップソン、アルフレート (Alfred PHILIPPSON, 1864-1953) ドイツの歴史家。『エーゲ海とその島々』、『ギリシャの風土』

ブーヴィエ、ジャン (Jean BOUVIER, 1920-1987) フランスの経済史家。『フランス帝国主義研究』(御茶の水書房)、『1863 年から 1882 年のリヨンの金融機関』

フェーヴル、リュシアン (Lucien FEBVRE, 1878-1956) フランスの歴史家、近代史研究家。マルク・ブロックとともに『アナール』を創刊。歴史家ブローデルの誕生に決定的な役割を果たした。『大地と人類の進化』(岩波書店)、『ミシュレとルネサンス』(藤原書店)

フォンターナ、ジョゼップ (Josep FONTANA) スペインの歴史家。『鏡のなかのヨーロッパ』(平凡社)、『アメリカと旧体制の危機』

ブジャード、ピエール (Pierre BOUJADE, 1920-) フランスの政治指導者。1954 年のフランス税制に反対してブジャード主義(商人・職人擁護連合)の運動を組織した。

フュレ、フランソワ (François FURET, 1927-) フランスの歴史家。フランス革命の専門家。『フランス革命を考える』(岩波書店)、『フランス革命事典』(共編・みすず書房)

プリゴジン、イリヤ (Ilya PRIGOGINE, 1917-) ベルギーの化学者。『存在から発展へ』(みすず書房)、『確実性の終焉』(みすず書房)

フルケ、フランソワ (François FOURQUET, 1940-) フランスの経済学者。『経済と権力』、『富と権力』

スピノザ、ベネディクトゥス・デ (Benedictus de SPINOZA, 1632-1677)　オランダの哲学者。『エチカ』(岩波文庫)、『神学政治論』(岩波文庫)

スプーナー、フランク・C. (Frank C. SPOONER, 1924-　)　イギリスの経済史家。『世界経済とフランスにおける貨幣鋳造、1493-1680』、『国際経済とフランスにおける貨幣の動き、1493-1725』

スミス、アダム (Adam SMITH, 1723-1790)　イギリスの経済学者、哲学者。『国富論』(岩波書店)『道徳情操論』(未来社)

ソーナー、ダニエル (Daniel THORNER)　アメリカの歴史家。『インドの農業展望』、『インドにおける鉄道開発のパターン』

ソール、マクシミリアン (Maximilen SORRE, 1880-1962)　フランスの地理学者。『地理学と社会学の接点』(大明堂)、『人文地理の基礎』

ダグロン、ジルベール (Gilbert DAGRON, 1932-　)　フランスの歴史家。『想像上のコンスタンチノープル』、『皇帝と聖職者』

ダニエル、ジャン (Jean DANIEL, 1920-　)　フランスの作家、ジャーナリスト。『ル・ヌーヴェル・オプセルヴァトゥール』編集長。『神は狂信的か』(法政大学出版局)、『ジャーナリストの誕生』(サイマル出版会)

デュビー、ジョルジュ (Georges DUBY, 1919-1996)　フランスの歴史家。『中世の結婚』(新評論)、『ヨーロッパの中世』(藤原書店)

デュメジル、ジョルジュ (Georges DUMÉZIL, 1898-1986)　フランスの神話学者、言語学者、歴史家。『神々の構造』(国文社)、『ゲルマンの神々』(国文社)

トゥッチ、ウーゴ (Ugo TUCCI)　イタリアの歴史家。『十五世紀ヴェネツィアにおける商人、船舶、貨幣』、『あるヴェネツィア商人の手紙』

トゥベール、ピエール (Pierre TOUBERT, 1932-　)　フランスの歴史家。中世イタリア研究家。『中世イタリア研究 (9-14世紀)』、『中世の宗教と都市社会』

トゥレーヌ、アラン (Alain TOURAINE, 1925-　)　フランスの社会学者。『断裂社会』(新評論)『反原子力運動の社会学』(新泉社)

ドス、フランソワ (François DOSSE, 1950-　)　フランスの歴史家。雑誌『エスパス＝タン』編集委員。『構造主義の歴史』(国文社)、『意味の帝国』

ドブレ、レジス (Régis DEBRAY, 1940-　)　フランスの作家。『国境』(晶文社)、『ゲバラ最後の闘い』(新泉社)

ノラ、ピエール (Pierre NORA, 1931-　)　フランスの歴史家。『自分史試論』

1895-1963)　ドイツの歴史家、中世史研究家。『王の二つの身体』（平凡社）、『祖国のために死ぬこと』（みすず書房）

ギュルヴィッチ、ジョルジュ（Georges GURVICH, 1894-1965）　フランスの社会学者。『社会階級論』（誠信書房）、『社会学の現代的課題』（青木書店）

クーラ、ヴィトルド（Witold KULA, 1916-1988）　ポーランドの経済史家。『ポーランドにおける資本主義の門出』、『封建制度の経済理論』

グラウス、フラティシェク（František GRAUS, 1921-1989）　チェコの歴史家、中世史研究家。『中世のメンタリティー』、『生きている過去』

ケレンベンツ、ヘルマン（Hermann KELLENBENZ, 1913-1990）　ドイツの経済史研究家。『経済史の歩み』（晃洋書房）、『ドイツ経済史』

ゴディーニョ、ヴィトリーノ・マガリャンエス（Vitorino Magalhães GODIHNO）　ポルトガルの歴史家。元ポルトガル文化・教育大臣。『古代ポルトガル社会の構造』、『新大陸の発見と世界経済』

コリューシュ、本名ミシェル・コリュッチ（COLUCHE, Michel Colucci, 1944-1986）　フランスのコメディアン。毒舌で知られ、現代社会の矛盾と紋切り型を痛烈に風刺した。

サン＝シモン、クロード・アンリ・ド・ルーヴロワ（Claude Henri de Rouveroy SAINT-SIMON, 1632-1677）　フランスの社会改革家、フランス社会主義の創始者。『産業者の教理問答』（岩波書店）、『空想社会主義教育論』

シェノー、ジャン（Jean CHESNEAUX）　フランスの歴史家。中国史、ベトナム史研究家。『フランス知識人の目に映った中国』、『ベトナム民族形成史』（理論社）

ジェメッリ、ジュリアーナ（Giuliana GEMELLI, 1951-　）　イタリアの歴史家。『ソーシャビリティーの形態』、『専門家のエリート』

シャボ、フェデリコ（Federico CHABOD, 1901-1960）　イタリアの歴史家。『ヨーロッパとは何か』（サイマル出版会）、『ルネサンス・イタリアの〈国家〉・国家観』（無限社）

ジャンナン、ピエール（Pierre JEANNIN, 1924-　）　フランスの歴史家。『スカンジナビア諸国の歴史』、『十六世紀の商人たち』

ジュリアール、ジャック（Jacques JULLIARD, 1933-　）　フランスのジャーナリスト。『欺かれた者たちの年』、『労働者の自治』

ショーニュ、ピエール（Pierre CHAUNU, 1923-　）　フランスの歴史家。『歴史とデカダンス』（法政大学出版局）、『自由とは何か』（法政大学出版局）

人物訳注

人名は原則として本文、原注、訳注、参考文献一覧にあるものすべてを挙げ、**アイウエオ順**に配列した。文献紹介は本文・注におけるものと重複しないもの（絶版も含む）を選択した。

アギーレ・ロハス、カルロス・アントーニオ（Carlos Antonio AGUIRRE ROJAS, 1955- ）　メキシコの歴史家、経済学者。『『アナール』とフランス歴史学』、『ブローデルと人間諸科学』

ヴィダル・ド・ラ・ブラーシュ、ポール（Paul VIDAL DE LA BLACHE, 1845-1918）　フランスの地理学者。『人文地理学原理』（岩波書店）、『世界地理』

ヴィラール、ピエール（Pierre VILAR, 1906- ）　フランスの歴史家、スペイン史研究家。『スペイン史』（白水社）、『スペイン内戦』（白水社）

ヴォヴェル、ミシェル（Michel VOVELLE, 1933- ）　フランスの歴史家。『フランス革命の心性』（岩波書店）、『死の歴史』（藤原書店近刊）

ウォーラーステイン、イマニュエル（Immanuel WALLERSTEIN, 1930- ）　アメリカの社会学者、歴史家、経済学者。『新しい学』（藤原書店）、『近代世界システム（全3巻）』（1,2巻、岩波書店・名古屋大学出版会）

ウォーラス＝ハドリル、ジョン・マイケル（John Michael WALLACE-HADRILL, 1916-1985）　イギリスの歴史家、中世史研究家。『中世初期の歴史』、『イングランドと大陸における初期のゲルマン民族王権』

エマール、モーリス（Maurice AYMARD, 1936- ）　フランスの歴史家。『十六世紀後半のヴェネツィア、ラグーザ、小麦売買』、『イタリア史』（監修）

オジェ、マルク（Marc AUGÉ, 1935- ）　フランスの民族学者。『国家なき全体主義』（勁草書房）、『同時代世界の人類学』（藤原書店）

オゼール、アンリ（Henri HAUSER, 1866-1946）　フランスの歴史家。『独逸の経済的膨張策』（通俗大学会）、『プロテスタンティズムの生誕』（未来社）

カントロヴィチ、エルンスト・ハルトヴィーク（Ernst Hartwig KANTOROWICZ,

ブローデル小伝

浜名優美

「フェルナン・ブローデルの著作を一度も読んだことのない人でも、ブローデルが二十世紀最大の歴史家の一人であることは知っている」とジャック・ルヴェルは『フェルナン・ブローデルと歴史』（未邦訳）の冒頭で記している。

ここではブローデル的な仕事のやり方に反する、伝統的な歴史の書き方にならって、フェルナン・ブローデルの生涯とその主な仕事を簡略に紹介することにしようと思う。ブローデル自身もカール五世とフェリペ二世のすぐれた伝記を書いているので、私がこのようなかたちで彼の略伝を書くのも許されるだろう。

フェルナン・ブローデルは一九〇二年八月二十四日、フランス北東部、ロレーヌ地方ムーズ県リュメヴィル＝アン＝オルノワ（現在はゴンドルクール＝ル＝シャトーに地名変更）に生まれた。父はシャルル・イレール・ブローデル、母はルイーズ・ファレ。父方の祖母エミリー・ブローデル＝コルノ（一八四七年生まれ）のところで十八ヶ月から七歳までを過ごす。農民の生活、たとえば輪作や水車小屋や鍛冶屋の仕事を直接に体験したブローデルは、普仏戦争やクリミア戦争の体験者の話などを小さいときに聞いて育った。歴史を体験的に記憶していることがのちの歴史家ブローデルにとって有益であったことは「私の歴史家修業」（英語版では「個人的証言」）という自伝からも明らかである。またのちに精神的な父となるリュシアン・フェーヴル、ユダヤ人であったためナチスによって銃殺されたマルク・ブロックなど、フランスの歴史学を根本から変える人物がブローデルを含めていずれも東のフランス出身であったことも想起しておこう。

一九〇九年、小学校教師であった父親の転勤に伴い、パリ郊外のメリエル（現在はヴァルドワーズ）の小学校に入学。ここで映画俳優ジャン・ギャバンが同級生であった。のちに人間科学館に映画撮影のために来たギャバンと再開した二人は、仕事を忘れて子供時代に戻って思い出話にふけったという。小学校で出会った歴史の先生が「まるでミサをあげるように」生き生きと歴史を物語ることに魅了されたことについては自伝にも記述されている。ブローデルの歴史の語り方は、晩年になって中学生を相手に行なった「一七〇七年のトゥーロンの包囲について」という最後の授業がテレビで放送されたものによって知ることができるが、子供にも何が大事なのかがわかる語り口である。現在までのところこの番組のビデオはフランスの国立視聴覚研究所で研究者しか観ることができない。ぜひ多くの人にこの授業の様子を観ていただけるようになってほしいものである（なお同じ国立視聴覚研究所が、一九七七年に放送された十二回シリーズのテレビ番組『地中海』の一部を二〇〇二年に市販し始めたが、こちらも大学など研究機関や図書館しか購入することはできない）。

一九一四年、厳格な父親が第一次世界大戦に動員され、一九一七年までブローデル少年は自由を味わった。父親は数学の教師であった。兄のレーモンが大変な秀才であったために、どうやら弟のフェルナンよりも兄の方をかわいがっていたようで、父親が死ぬまで両者のあいだには和解がなかったようである。リセ・ヴォルテールに進学し、漠然と医者になることも考えていたらしいが、父親は兄と同じように理工科学校に入れるつもりであった。しかし**一九二〇年**、ソルボンヌ大学歴史学科に登録し、地理に興味を覚えた。当時、歴史の勉強をしたときに出会って、印象に残った講義は、アンリ・オゼールの経済や社会の歴史、モーリス・オローのギリシャ史などであった。オゼールの授業に出ていたのはわずか七、八人の学生であった。歴史学科の学生としてはいわばごくふつうの学生として、フランス革命に興味を持ち、一九二三年七月、ソルボンヌ大学を卒業（二十一歳）、卒業論文として「バール＝ル＝デュックにおけるフランス革命の始まり」（のちにムーズ県資料として一九八九年に刊行）を書く。高等教育教授資格試験（歴史）に合格する。成績は十四位とも十七位とも言われ、特に優秀というわけではなかった。

出身地のリセの教師になるつもりであったが、十月、アルジェリアのコンスタンティーヌにリセの歴史教師として赴任した（途中、兵役のために一時アルジェリアを離れ、ドイツで十八ヶ月の兵役を務めるが、一九三二年までアルジェリアに滞在する）。学校の休暇を利用してサハラ砂漠などを旅行し、時には学期開始に遅れて、校長が代講するというようなこともあったとブローデル自身が語っている。海を見たことがなかった青年ブローデルは、初めて地中海を横断したときに船酔いしなかったので、自分には船乗りの足があることを発見するとともに、陸地のフランスからではなく、対岸のアルジェリアから「逆さまに」地中海を見る視点を獲得し、併せてサハラ砂漠を「海」として見るに至った経験が、のちの『地中海』構想の鍵の一つとなった。当時、アルジェリアはフランスの植民地であり、海外赴任の新米教師一人の給料はかなりよかったので、生徒たちに夕食をごちそうすることもしばしばあったたし、教師としてはかなりすぐれた才能を持っていたようで、視学官が授業見学にやってきたときには、生徒たちがいっせいにブローデルの味方をして、授業運営に協力したほど、生徒たちからは慕われていた。
一九二四年夏、　祖母コルノ死去のため一時帰国。九月十九日、トゥーロンへの赴任命令に抗議し、アルジェ赴任を勝ち取る。このときの抗議文などは、のちに人間科学館を退くときに取り戻したと言われる。この赴任先変更の問題が五十年も六十年もブローデルの意識の下にとどまり続けたことを示すエピソードである。
一九二五年四月から一九二六年十月まで、兵役のためドイツ（マインツ）に行く。博士論文のテーマとしてドイツ史を考える。ドイツ語がよくできたこと、生まれ故郷がドイツ国境に近かったせいもあって、第一次大戦中の愛国主義のなかで育ったことなどもその一因であったが、ドイツの現状を見て失望感を味わい、のちにテーマを十六世紀スペインのフェリペ二世の地中海政策に変更する。
一九二六年十月から一九三二年七月まで、アルジェのリセに赴任。生徒のなかに、アルベール・カミュ、ジャック・ベルク、ポール・ロベールなどがいる。
一九二七年、父親シャルル＝イレールの死去。博士論文のテーマとして「フェリペ二世とその地中海政策」を選び、パリで調査を始める。この年の十月二十七日、リセの学監の娘ポーレット・ヴァリエと結婚した。
一九二八年、ジュール・フェリー奨学金を得てスペインのシマンカス古文書館で勉強する。最初の論文「スペイン人と北アフリカ」を『アフリカ雑誌』（アルジェで発行）に発表する。外交史が中心であったが、ジェノヴァの金融の重要性に着目し、経済史への言及が見られる論文である（当時ストラスブール大学にいたマルク・ブロックとリュシアン・フェーヴルが**一九二九年**に『アナール』（社会経済史年報）を創刊。辺境から歴史学の革命が始まったと言ってよい）。

一九三〇年四月十四日から十六日、第二回歴史学全国大会がアルジェで開催され、ブローデルは事務局長補佐を務める。翌年、アンリ・ピレンヌの講演を聴いて、大いに知的刺激を受ける。話を聞きながら「地中海が閉じたり開いたりする」様子が目に見えるようだったと述懐している。またのちにブローデルはコレージュ・ド・フランスの講義の際に、いっさいノートを使わなかったが、メモなしで講義するやり方はピレンヌを真似したものだと言われている。両者ともに大変な記憶力の持ち主で、数字などのデータを暗記していたのである。

一九三二年秋、フランス本国に戻り、ヌイイのリセ・パストゥールに赴任。翌一九三三年、リセ・コンドルセ（パリ）に任命される。ソルボンヌ大学補助教師としても働く。この時期にはアナール派と対立する『歴史学雑誌』や『歴史総合雑誌』に出入りする。

一九三三年九月十四日、アルジェ時代の教え子でグランド・ゼコール予備学級のポール・ブラデル（十八歳）と再婚する（彼女の本名は「ポーレット」だが、通常は「ポール」を使用。初婚相手を意識してか）。

一九三四年七月、リセ・アンリ四世（パリ）に任命される。パリの「歴史総合センター」で初めてリュシアン・フェーヴルに出会う。しかしフェーヴルもブローデルもこの出会いはほとんど覚えていないほどである。両者の本当の出会いは少し後である。

一九三五年二月二十一日、ブラジルのサン・パウロ大学にフランス教授団の一人として赴任を命じられる。赴任予定であった人が死んでしまったためにブローデルが名指しされたのである。三月十四日に娘が生まれるのを待ってブラジルに出発する。同僚のなかにクロード・レヴィ゠ストロースがいた。レヴィ゠ストロースからすれば年上のブローデルは指導的な立場にあった。またレヴィ゠ストロースの証言によれば、資料が多かったので、ホテルでは二部屋続きで部屋を借りていたという。まだマイクロフィルムの時代ではなかったが、映画用の撮影機を使って一日に数千枚の史料を古文書館で記録する方法をとっていたブローデルは、マイクロフィルムの先駆者である。ブラジルではこれまでに記録した史料を読むための時間が十分にあった。

秋冬の休暇（ブラジルの夏休み）には、フィレンツェ、ヴェネツィア、ジェノヴァ国立古文書館で調査を行なう。古文書調査で探しているものが見つからないことがしばしばであったが、史料を読むことを楽しんでいるばかりで、なかなか論文の執筆にはとりかからない。

一九三六年も同様である。ドゥブロヴニクでラグーザ共和国の商業の実態を示す史料を発見し、十六世紀の地中海世界についての理解が突如として深まる。ドゥブロヴニクの海の見えるカフェで船が港に入ってくる様子を見ながら、同行していた妻に「僕たちは十六世紀にいるんだよ」と叫んだという。ブローデルの仕事の仕方の特徴は、のちに理論的な著作でブローデル自身が明らかにするように、理論が先にあるのではなく、具体的な事実やデータの積み重ねによって生来の想像力に頼って歴史を再構成する点にある。このときに博士論文のテーマを「フェリペ二世時代の地中海と地中海世界」とすることを決めたらしい。

一九三七年八月、ブラジル国内旅行をする。このときブラジルの農業の仕方を見て、十六世紀のヨーロッパにおける農業がそのまま現代に生きている姿に感動する。

この年の秋、フランスに戻る。このフランス帰国のために乗船した船で講演旅行から帰るリュシアン・フェーヴルに再会し、これ以後生涯にわたって「ほとんど息子のようなもの」という親しい関係を結ぶ。この出会いはのちのブローデルにとって決定的なものであった。高等研究院第四部門（歴史哲学部門）教授に就任し、『アナール』の編集委員会の仕事を手伝う。

一九三八年には、ズデーテン危機の際に、ブローデルはアルプス山脈の国境地帯に動員される。

翌**一九三九年**、リュシアン・フェーヴルの別荘で『地中海』の執筆を開始するも、砲兵隊中尉としてドイツ（マジノ線）に動員される。

一九四〇年六月二十九日、休戦協定から七日後ドイツで捕虜になり、マインツの将校捕虜収容所XIIBで過ごす。資料もなしに記憶だけに頼って博士論文の執筆を継続する。記憶だけに頼ってあれほど分厚い書物をどうやって書くことができたのかは信じがたいかもしれないが、すでに蓄積していた文献資料を十分に読み込んでいたからだと夫人はのちに証言している。**一九四一年**五月、捕虜収容所内で「大学」を始め、八月から十月にかけて二十数回講義を行なう（一九四三―四四年にリューベックの捕虜収容所でも継続する）。特に出来事を中心とした旧来の歴史とは異なる「長期持続」の概念に基づいた歴史観の講義を展開する。ただしこの時期には「深層の歴史」という用語を使っている（このときの講義は『ブローデル著作集』藤原書店近刊に収録。マルク・ブロックはレジスタンスに参加し、地下活動を行なう。リュシアン・フェーヴルは単独で『アナール』の刊行を継続する)。

一九四一年十一月二十三日、『地中海』第一草稿が完成するが、ただちに第二草稿に着手する。ブローデルの書き直し方は一部を修正するというふつうのやり方ではなく、章のまるごとを最初から書き直すのである。このあたりの事情はデックス著『ブローデル伝』（藤原書店）に紹介されている夫人やフェーヴルとの手紙のやりとりに詳しい（なお、フェーヴルとブローデルの往復書簡集の編集はブローデル夫人によって完了しているが、フェーヴル家が刊行に同意しないため、まだ読むことができない。残念なことである）。

一九四二年、リューベックの将校捕虜収容所 XC に移される（一九四三年、ラブルース『アンシャン・レジーム末期とフランス革命初期のフランス経済の危機』出版。一九四四年、マルク・ブロックはユダヤ人としてドイツ軍により銃殺される）。捕虜期間中、戦争という出来事そのものや外交や政治はそれほど重要なことではないという認識を持っていたようである。

一九四五年五月初め、リューベックはイギリス軍により解放される。五月二十六日、オランダ経由でフランスに帰国する。

一九四六年、高等研究院第四部門の研究指導教授に復職する。ソルボンヌ大学文学部長から高等教育教授資格試験受験生のためのラテンアメリカについての授業を任される。『アナール』が『アナール。経済、社会、文明』と名称を変更して再刊される。

一九四七年三月一日、博士論文『地中海』の公開口述審査を受ける（審査委員はロジェ・ディオン、エミール・コオルナエルト、マルセル・バタイヨン、エルネスト・ラブルース、ガストン・ゼレ）。審査委員のうちゼレはブローデルに敵意を持っていたようである。またソルボンヌ大学でゼレはブローデルに対抗して地中海に関する授業を行なったが、マルク・フェローによれば、大変つまらないものであった。

一九四八年、高等研究院第六部門（経済学および社会科学）がリュシアン・フェーヴルの肝いりで設立される。リュシアン・フェーヴルが高等研究院院長となり、ブローデルは事務局長となる。

一九四九年、『地中海』を自費出版する。歴史の書き方に革命をもたらしたこの初版は一冊本で一六〇〇頁であるが、印刷事情が悪かったため図版、写真などはない。周知のように、三部から構成される『地中海』は地理的環境などの不動の、長期の時間、社会や経済の変動を観察する中期的規模の時間、そして戦争などの短期の時間という三層の時間に区切られている。第三部の出来事の歴史はいわば伝統的な歴史に最も近い書き方であるが、第一部で歴史に地理を導入し、第二部で社会史、経済史を扱って、「全体史」を目指した功績はその後の歴史学に大きな影響を与えた。この一冊だけでもブローデルは二十世紀最高の歴史家と呼ばれるにふさわしい。なお、ブローデルが捕虜収容所で行なった講義と『地中海』の草稿ノートが一冊だけ残っているが、ブローデルは原稿が本になると元の原稿を破棄してしまうのが常であった。

リュシアン・フェーヴルの後任としてコレージュ・ド・フランス教授に選ばれる。ブローデルが高等研究院からコレージュ・ド・フランスへと進んだために学者として栄光の道をたどったと考える人もいるが、ブローデル本人はソルボンヌ大学教授になるチャンスを逃した経験を後年になってもやや悔やんでいたようである。『地中海』のブローデルは歴史学の世界で異端であったのだ。しかし歴史学の高等教育教授資格試験審査委員長に任命される（この年にクロード・レヴィ＝ストロースは『親族の基本構造』を出版している）。ブローデルが審査委員長になったために、『地中海』は歴史学の学生にとっての必読書となり、またブローデルの講義を聴く者が増える。ちなみに、『地中海』は二〇〇〇年度の高等教育教授資格試験の課題図書として指定された。

一九五一年、ルッジェロ・ロマーノとの共著『リヴォルノ港に入港した船と積荷（一五四七―一六一一年）』を出版する。この本にはブローデルとしては珍しくデータの処理に間違いがあったという。

一九五五年、高等教育教授資格試験審査委員長を辞任するというか、むしろ諸般の事情で辞任に追い込まれる（詳しくはデックス『ブローデル伝』を読んでいただきたい）。アメリカで「地域研究」の方法について研究旅行をし、ロックフェラー財団からの財政援助を取り付けて帰国する。アメリカからの財政援助を取り付けたことで、娘たちが学校で父親がアカの手先になったといじめられたり、共産党から批判されたりする。

一九五六年七月二十六日、リュシアン・フェーヴルが亡くなる。ブローデルがフェーヴルの後任として第六部門の委員長になる。

一九五七年、フェーヴルの死去に伴い、ブローデルが『アナール』の編集責任者になる。この年に、ロラン・バルト、エマニュエル・ル＝ロワ＝ラデュリ、ジョルジュ・デュビーなど若手の研究者が登場する。

一九五八年、『アナール』に「長期持続――歴史と社会科学」という論文を発表し、「歴史家にとって、いっさいは時間に始まり、時間に終わる」という主張をして、クロード・レヴィ＝ストロースの「無時間的な」構造主義に反駁し、いわば「新しい歴史学」のボスとなる。レヴィ＝ストロースはこの年に『構造人類学』を出版する。ブローデルが用いた歴史学の「構造」とレヴィ＝ストロースに代表される「構造主義」の「構造」が異なるものであることについては、一九六六年の『地中海』第二版の結論においても繰り返し述べられている。

一九五九年、『アナール』三十年（一九二九―一九五九年）」と「マルク・ブロック称賛」を書いて、新しい歴史学の総括をする。文部省から多額の助成金を得て、数多くのポストを新設し、第六部門の拡大を図る。

一九六〇年、ジョルジュ・ギュルヴィッチ監修の『社会学概論』に「歴史と社会学」を発表（ピエール・グーベール『十七世紀のボーヴェ地方とボーヴェ人』を出版。ピエール・ショーニュは博士論文『一五〇四年から一六五〇年までのセビーリャと大西洋』の審査を受ける。膨大な博士論文であった）。

一九六一年、コロンビア大学（アメリカ）のために「ヨーロッパの拡大と資本主義、一四五〇―一六五〇年」（『ヨーロッパ文明論』所収）を寄稿する。

一九六二年、マルク・フェローが『アナール』の編集事務責任者になる。ロラン・バルトが第六部門の講義担当者になる。ロックフェラー財団の援助で歴史学を中心とした社会科学の総合研究機関として「人間科学館」が創設される。とはいえ建物が完成するまでにはさまざまな紆余曲折がある。ブローデルが歴史家としてだけでなく、学問の世界を組織的に再編する、すぐれたアイデアの持ち主であったと同時に有能な管理者でもあったことは強調しておいてよい。しかしアカデミックな世界では常に異端であり続けた（ピエール・ヴィラール『近代史におけるカタルーニャ』を出版）。ミシェル・フーコーの『狂気の歴史』を高く評価する。

一九六三年、『現在の世界』（のちに『文明の文法』）という高校生用の教科書を執筆するが、ここではヨーロッパ中心の世界観が転倒されている。歴史には世界の歴史しかないという確信がみなぎっている。しかしこの教科書が実際に学校教育の現場で使われることはなかった。一九六〇年代に学校教育のなかで「新しい歴史」が流行るのだが、子供に教える歴史は出来事を中心としたものであるべきで、いわゆる「新しい歴史」は高校の最終学年で教えるべきものであると晩年になって述べている。歴史研究と歴史教育は別の事柄であるということか。

一九六四年、『歴史総合雑誌』に「アンリ・ベール讃」を書く（一九六五年、ドニ・リシエ、フランソワ・フュレ『フランス革命』を出版）。

一九六六年、「私はこよなく地中海を愛した」という有名な書き出しで始まる序文を付した『地中海』第二版が二冊本として出版される。初版にはなかった図版や写真が豊富に用いられ、またとりわけイスラム世界としてのオスマントルコ帝国については新たな史料や戦後のトルコ研究に基づいて大幅に書き直されている。初版の記述が全面的に削除されたり、新たな章が設けられたりして、決定版としての意味を持つ版である。その後も版を改める機会があるが、以後は若干の修正にとどまっている（拙訳の『地中海』（藤原書店、一九九一―一九九五年）はこの第二版を底本とした）。

ル＝ロワ＝ラデュリが『ラングドックの農民』を出版する。ブローデルはル＝ロワ＝ラデュリの指導教授であった。ル＝ロワ＝ラデュリに対して、農民の生活を論じるには都市の問題を考察する必要がある、全体として見なければならないと助言したが、ブローデルの助言をル＝ロワ＝ラデュリは聞き入れることはなかった。「全体史」のブローデルにとって、ル＝ロワ＝ラデュリの態度は大変残念なものであった。ブローデルの「全体史」を継承する歴史家はいなかったのである（このあたりの事情はデックス『ブローデル伝』にブローデル夫人が寄せた「全体史について」を参照していただきたい）。

同じ年、ブローデルはミラノで『カール五世』というすぐれた伝記を発表する（のちに『ブローデル著作集』に収録）。

一九六七年、「一四五〇年から一七五〇年までのヨーロッパの価格」（ケンブリッジ大学）、『物質文明と資本主義』（のちの『物質文明・経済・資本主義』の第一巻）刊行。ヴェネツィアに始まる商業資本主義への言及から推測すれば、ブローデル独特の資本主義論がこの時期に確立したと考えられる。資本主義についてのマルクスとブローデルの大変興味深い比較は本書所収のウォーラーステインの論文やフランソワ・ドス編『ブローデル帝国』（藤原書店）を参照していただきたい。

一九六九年、それまでに書きためていた歴史学の理論的考察をまとめた『歴史学論集』

第一巻を刊行する。ブローデルは『アナール』の編集から退き、エマニュエル・ル＝ロワ＝ラデュリ、ジャック・ル＝ゴフ、マルク・フェローに編集を委ねる。『フェリペ二世』というすぐれた伝記をミラノで出版する（のちにこの伝記は、「カール五世」とともに『ブローデル著作集』に収録される）。

一九七〇年、エルネスト・ラブルースと共同編集で『フランス経済社会史』を刊行（完結は一九八二年）。ミシェル・フーコーがコレージュ・ド・フランス教授に就任。ロラン・バルト『記号学の原理』を出版。いわば異端の学者たちが世間の注目を浴び始める。

一九七二年、ブローデル七十歳である。高等研究院第六部門とコレージュ・ド・フランスを退職する。アメリカの『現代史ジャーナル』の求めに応じて自伝的な「個人的証言」（フランス語版は「私の歴史家修業」）を発表する。『地中海』の英訳版が出たことで、一躍ブローデルの名前が世界中に知られることになり、小さな専門家集団としての歴史学界だけでなくマスコミにもブローデルが登場する。とりわけこの時期の経済的危機についてのコメントを求められるようになり、長期持続の視点から経済を論じる。

一九七四年、ミラノで『イタリア史』第二巻の結論として「Il secondo Rinascimento」を発表。この著作は一九八九年に『イタリア・モデル』としてアルトー社より刊行される。イタリア文化史（ルネサンス）の非常にすぐれた研究であり、美術史家デックスは『ブローデル伝』の最終章をこの著作で締めくくっている（日本語訳の出現が待たれる）。

一九七五年、高等研究院第六部門が学位の出せる研究機関になり、社会科学高等研究院（EHESS）となる。

一九七七年には、ニューヨーク州立大学ビンガムトン校に「フェルナン・ブローデル・センター」が創設される（イマニュエル・ウォーラーステイン所長）。創設記念シンポジウムは「社会科学に及ぼしたアナール学派のインパクト」であった（記録は一九七八年の『レヴュー』第一巻三―四号に掲載されている。ブローデルは最後に発言したので、「結論に代えて」となっている。藤原書店近刊『叢書・世界システム5』）。フランス、イタリア共同制作のテレビ番組『地中海』（十二回シリーズ）が放送され、この番組制作とともに『地中海世界』を刊行する。大著『地中海』の要約版としての意味もあるが、時間的には十六世紀だけを扱っているのではなく、古代からの地中海世界を概観できる内容である。ブローデル以外の執筆者による考察も刺激的である。ほぼこの時期に出版社の求めに応じて古代の地中海を論じた『地中海の記憶』を書くが、生前には刊行されなかった（出版は一九九八年である）。

一九七九年には、以前に出した『物質文明と資本主義』を全面的に書き直した『物質文明・経済・資本主義』全三巻を刊行する。物質文明という用語に代表される日常生活の歴史や資本主義と市場経済の違い、『地中海』以来用いられている経済＝世界の概念などが、十五世紀から十八世紀という長期にわたって論じられている。

一九八一年には、『ヨーロッパの人間』というフランス、イタリア共同制作の映画づくりにも参加する。そのシナリオともいうべき『ヨーロッパ』（ブローデル監修）は翌一九八二年に刊行される。

一九八三年、イタリアの新聞『コッリエーレ・デッラ・セーラ』の求めに応じて時事的な記事を連載するが、ブローデルは時事的な、日々変わりつつある出来事についてはあまり得意ではなかった。

一九八四年六月、アンドレ・シャンソン（作家フレデリック・エブラールの父）の後を受けてアカデミー・フランセーズ会員に選ばれる。フランス国立視聴覚研究所（ＩＮＡ）がブローデルに関する番組を二つ制作し、テレビ放送する。テレビ番組『地中海』の監督をしたフォルコ・クイーリチの写真入りの『都市ヴェネツィア』を出版する。この年に『マガジーヌ・リテレール』が「フェルナン・ブローデル、新しい歴史学のボス」という特集号を出す（この雑誌の特集号は井上幸治編集・監訳の『フェルナン・ブローデル』新評論、に収録されている）。

一九八五年三月、『資本主義の力学』（邦訳『歴史入門』太田出版）を出版する。この著作（一九七六年、ジョンズ・ホプキンズ大学における講演テキスト）はいわば『物質文明・経済・資本主義』の要約ともいうべきもの（すでに著作はほぼ完成していたから）で、コンパクトにまとめられているので、ブローデルの仕事を早く知りたい人には格好のブローデル入門である。トゥーロンの中学三年生のクラスで歴史の授業（「一七〇七年のトゥーロンの包囲について」）を行なう。前述のように、このブローデル最後の授業の模様はビデオに収録されているので、研究者ならフランス国立視聴覚研究所で観ることができる。十月には、ブローデルの仕事をめぐって三日間シンポジウムが開催される（その記録は『ブローデル、歴史を語る』として刊行。邦訳、新曜社）。

十一月二十八日、サヴォアの別荘でブローデルは亡くなる。八十三歳であった。

一九八六年には、一国史への回帰とも言えるフランスの歴史を論じた『フランスのアイデンティティ』の二巻が刊行されるが、この著作は残念ながら完成しなかった。

ブローデル死後も著作が次から次へと出版される。一九八七年、『文明の文法』、一九八九年、『イタリア・モデル』、一九九〇年、『歴史学論集』第二巻といった具合である。

一九九三年には、第一回ブローデル学会がメキシコで開催され、夫人のポール・ブローデルが地中海完成までの経緯を語る（その記録はのちに本書『入門・ブローデル』としてスペイン語で刊行された)。

一九九七年からは、ブローデルが雑誌や新聞に書いたが、著作としてまとまっていなかったものをブローデル夫人とド・アヤラが編集して『ブローデル著作集』(第一巻『地中海をめぐって』、第二巻『歴史学の野心』)というかたちで出版される。

一九九八年には、『地中海の記憶。先史と古代』がようやく日の目を見る。

二〇〇〇年には、先にも記したとおり、『地中海』が高等教育教授資格試験の試験科目プログラムになる。

二〇〇二年、『日々の歴史』(『ブローデル著作集』第三巻)が刊行される。この著作には詳細な書誌が付録として付いている。

(この「ブローデル小伝」を執筆するにあたり、ピエール・デックス『ブローデル伝』藤原書店、二〇〇三年、Jacques Revel, *Fernand Braudel et l'histoire*, Hachette littératures, Pluriel, 1999 ; Alain Brunhes, *Fernand Braudel*, Editions Josette Lyon, 2001 を参照した。)

1984 *Oltremare. Codice casanatense*, Franco Maria Ricci, 1984.
Venise, photos de Folco Quilici, Arthaud, 1984.（『都市ヴェネツィア――歴史紀行』岩崎力訳、岩波書店、1986年）
Le Monde de Jacques Cartier, Berger-Levrault, 1984, 317p. Direction de l' ouvrage et introduction.
1985 *La Dynamique du capitalisme*, Arthaud, 1985.（coll. Champs, 1988)（『歴史入門』、金塚貞文訳、太田出版、1995年）

死後出版

1986 *Discours de Réception de M. Fernand Braudel et Réponse de M. Maurice Druon à l'Académie française*, Arthaud, 1986.（井上幸治編集=監訳『フェルナン・ブローデル[1902-1985]』新評論、1989年に所収）
Une leçon d'histoire de Fernand Braudel, Colloque de Châteauvallon, Arthaud, 1986.（『ブローデル、歴史を語る――地中海、資本主義、フランス』、福井憲彦・松本雅弘訳、新曜社、1987年）
L'identité de la France, Arthaud, T.1 : Espace et histoire : T.2 : Les hommes et les choses (1) ; T.3 : Les hommes et les choses (2).（coll. Champs, 1990）
1987 *Grammaire des civilisations*, Arthaud, 1987.（coll. Champs, Flammarion, 1993)（『文明の文法 1, 2』松本雅弘訳、みすず書房、1995-1996年）
1989 *Le Modèle italien*, Arthaud, 1989.（coll. Champs, Flammarion, 1994）
1990 *Ecrits sur L'histoire, II*, Arthaud, 1990.（coll. Champs, Flammarion）
1991 *Prato, Storia di una città*, 1991（collection dirigée par F. Braudel）.
1996 *Les Ecrits de Fernand Braudel, I, Autour de la Méditerranée*, Editions de Fallois, 1996.（Le Livre de Poche）.（『ブローデル著作集』藤原書店近刊）
1997 *Les Ecrits de Fernand Braudel, II, Les Ambitions de l'Histoire*, Editions de Fallois, 1997.（Le Livre de Poche）.（『ブローデル著作集』藤原書店近刊）
1998 *Les Mémoires de la Méditerranée*, Editions de Fallois, 1998.（Le Livre de Poche, 2001）.（『地中海の記憶』藤原書店近刊）
2001 *Les Ecrits de Fernand Braudel, III, L'Histoire au quotidien*, Editions de Fallois, 2001.（『ブローデル著作集』藤原書店近刊）

（作成／浜名優美）

ブローデル主要著作一覧

1949　*La Méditerranée et le monde méditerranéen à l'époque de Philippe II*, Armand Colin, 1949 ; 1160p. (Le livre de Poche, 1993)

1951　*Navires et marchandises à l'entrée du port de Livourne (1547-1611)*, Armand Colin, 1951. (avec Ruggiero Romano), 127p.

1963　*Le Monde actuel* (en collaboration avec S. Baille et R. Philippe), Belin, 1963. (1987 年に *Grammaire des civilisations* として刊行)

1966　*La Méditerranée et le monde méditerranéen à l'époque de Philippe II*, 2 vols., 2ème édition revue et corrigée, Araman Colin, 1966. (『地中海』全5 巻、浜名優美訳、藤原書店、1991-1995 年、第二版の翻訳［藤原セレクション、全 10 巻、1999 年］)

1967　*Civilisation matérielle et capitalisme (XVe-XVIIIe siècle)*, t.I, Armand Colin, 1967.

1969　*Ecrits sur L'histoire*, Flammarion, coll. Science, 1969, 315p. (Réédité sans changement en coll. Champs-Flammarion, 1977).

1977　*La Méditerranée*, Arts et Métiers Graphiques, T.1 : L'espace et l'histoire , Ouvrage collectif publié sous la direction de Fernand Braudel, 1977.

Histoire économique et sociale de la France, publiée sous la direction d'Ernest Labrousse et de Fernand Braudel, tome I, préface par Fernand Braudel (pp.1-8), P.U.F., 1977.

1978　*La Méditerranée*, Arts et Métiers Graphiques,T.2 : Les hommes et l' héritage, 1978. (coll. Champs, Flammarion, 1985) (『地中海世界 1, 2』神沢栄三訳、みすず書房、1990-1992 年)

1979　*Civilisation matérielle, Economie et Capitalisme, XVe - XVIIIe siècle*, 3 vols., Armand Colin, 1979. (『物質文明・経済・資本主義』全 6 巻、村上光彦・山本淳一訳、みすず書房（「日常性の構造 1, 2」「交換のはたらき 1, 2」「世界時間 1, 2」1985-1999 年)

Histoire économique et sociale de la France, publiée sous la direction d'Ernest Labrousse et de Fernand Braudel, tome IV ; chapitre "Précocité des flux et reflux interséculaires" dans les Conclusions générales, P.U.F., 1977.

1982　*L'Europe*, Arts et Métiers graphiques, 1982.

訳者あとがき

バルザックに『知られざる傑作』という短編がある。ひとりの天才画家が、モデルの美女の生命をなにひとつ取りこぼすことなくそのまま画布の上に表現しようとする。しかし、苦労のすえに到達したのは、何が描かれているのかわからない形と色の混沌だった。ざっとそんな話である。興味深いことに、天才画家フレンホーフェルは、この知られざる傑作を描くにあたって描線をいっさい拒否している。自然界には線など存在しないのだから画布のうえに説明的な線を引いてはならないというのである。ところが、凡人には混沌としか見えないこの「美しき諍い女」が、じつはあらゆる視点から同時に描かれた「傑作」なのだとミシェル・セールは言う（『生成』）。上も下も右も左もミクロもマクロもすべてをあらゆる側面、あらゆるスケールから同時に見渡せる、人間には到達不可能な神のごとき視点から描かれているというのだ。この視点を、バルザックの別な作品に倣って「絶対」と言い換えるなら、フレンホーフェルは絵画における「絶対」を探求したといえよう。

二十世紀、歴史学においてこの「絶対」を探求した男がいる。『アナール』派の総帥にして歴史学の法王と謳われたフェルナン・ブローデルその人である。ブローデルは、生きた美女ならぬ生きた歴史を、画布ならぬ書物の上になにひとつ取り逃がすことなくそっくりそのまま捉えたいと思う。ところがそのためには、同時にあらゆる側面から歴史を見る神のごとき視点、すなわち「絶対」が不可欠だ。さてどうすべきか？歴史学の法王がバルザックの画家と袂を分かつのはここだ。説明的な描線をいっさい拒否して表象空間の崩壊へと突き進んだフレンホーフェルとは反対に、ブローデルは説明のための描線を積極的に析出していった。適切な描線こそが生きた歴史全体をまるごと補足し、「絶対」に漸近する道だと考えたからだ。長期持続、全体史、経済＝世界、物質生活／経済生活／資本主義の三層構造。これらがその描線である。

本書はそうした描線を見通しよく概観させてくれる。アギーレ・ロハスの序文にあるように、一九九一年メキシコシティーで開かれた第一回国際ブローデル学会の基調講演をまとめた論文集だが、ブローデルの全体像をきわめてバランスよく紹介しており、ブローデル史観の主要な描線のみならず、人間ブローデルをも垣間見させてくれるところに魅力がある。専門的な議論に深入りしないから、これからブローデルを読もうという読者諸賢にも格好の入門書となるだろう。邦題を『入門・ブローデル』とした所以である（さらにつっこんだ議論に関心がある向きには、ドス編『ブローデル帝国』〔浜名優美監訳、藤原書店、二〇〇〇〕のご一読をぜひお勧めする）。

カルロス・アントーニオ・アギーレ・ロハスの「長期持続と全体史」は、長期持続と全体史がブローデルの複雑な宇宙を解き明かすため、いかに重要な鍵概念であるかを示してくれる。いささか理の勝った重い文章だが、ブローデルの鍵概念を丁寧に辿り、図式を用いるなど懇切に解説している点が貴重である。ブローデルが歴史学に革命を引き起こしたといわれるのはなぜか、理論的なレベルで説得力のある説明を展開している。

先頃物故したルッジエロ・ロマーノは「『地中海』の誕生」でブローデルの最初の「傑作」を擁護する。『地中海』の重要性と広範な影響を語る口調は後半ますます勢いづき、ときにポレミックな調子にまで高じる。新しい歴史学がその後ブローデルの精神から逸脱していった、と訴えるロマーノの口吻からは悔しさすら伝わってくる。

「ブローデルとマルクス」（ボリーバル・エチェベリーア）と「ブローデルの資本主義」（イマニュエル・ウォーラーステイン）は、マルクスと比較しつつブローデルの資本主義概念を鮮やかに描き出す。差別的なグローバリゼーションの進行とともに、資本主義がカタストロフィックな色合いを日増しに濃くしている今日、市場経済と資本主義を理論的・歴史的に問い直す作業は喫緊事ではなかろうか。ウォーラーステインが言うように、ブローデルとともに資本主義を「反対から」眺めるとき、世界と歴史がこれまでと大きく違って見えてくるはずである。いまこそブローデルの「資本論」が読み直されねばならない。

ブローデル夫人による「歴史家ブローデル誕生秘話」は『地中海』までのブローデルを、弟子モーリス・エマールによる「社会科学の総合化」はその後の歴史家の軌跡を辿って興味深く、かつ楽しい。夫人の語るブローデルは驚きと魅力に満ち、人の心を捉えて放さない。『地中海』を幾度も最初から書き直したのは時間と体力の無駄ではなかったかと指摘する夫人に、ブローデルはこう切り返している。「マティスが同じモデルの同じ肖像を毎日毎日新しく描いていた話を教えてくれたのは君自身じゃないか。マティスは毎日毎日デッサンをくずかごに放り込んで、最後にやっと本当に気に入る線が見つかったんだって」。

歴史という、ざわめきに満ちた「美しき諍い女」を深く愛し、その生命全体をまるごと捕捉しようとしてフレンホーフェルのように「絶対」を探求し続けた歴史学の法王は、しかし、マティスのように線を発見していったのである。

＊

本書は *Primeras Jornadas Braudelianas*, Cuadernos Secuencia, México, 1993 の全訳である。原文は引用も含め、すべてスペイン語で書かれている。ただし、ルッジエロ・ロマーノおよびポール・ブローデルのテクストには「カルロス・A・アギーレ・ロハス訳」と注記されており、他言語からのスペイン語訳であることが分かる。その他のテクストはスペイン語による書き下ろしということになろう。すでに邦訳のある引用文献は原則的に既訳を用い、併せて出典を明示した。各テクストの章タイトルは、原題に拠りながらも読みやすさを勘案して編集部で付け直している。そのさい原著にはない小見出しも新たに付け加えた。なお、巻末には人物訳注を付し、邦訳監修者による「ブローデル小伝」と「フェルナン・ブローデル主要著作一覧」を加えている。

非力な訳者に得難い機会を与えてくださり、いくども原稿に目を通してくださった監修の浜名優美先生にはとりわけ深謝の念を捧げたい。スペイン語の難読箇所についてご教示くださったスペイン史の関哲行先生、ありがとうございました。この小さな本が世に出る機会を作ってくださった藤原書店社長藤原良雄氏、書籍としての体裁が整うまで難題を辛抱強くクリアしてくださった編集の清藤洋氏には感謝の意を表したい。

二〇〇三年二月

尾河直哉

監修者紹介

浜名優美（はまな・まさみ）

1947年生まれ。1977年、早稲田大学大学院文学研究科フランス文学専攻博士課程満期退学。現在、南山大学総合政策学部教授・副学長。専攻は現代文明論・フランス思想。著書に、『ブローデル『地中海』入門』（藤原書店、2000）など。訳書に『地中海』I〜V（藤原書店、1991-95）、デックス『ブローデル伝』（藤原書店、2003）、『ルソー全集』（共訳、白水社、1978）、イリガライ『性的差異のエチカ』（産業図書、1986）、シャンジュー、コンヌ『考える物質』（産業図書、1991）、エブラール『プロヴァンスの秘密』（集英社、1995）など多数。

訳者紹介

尾河直哉（おがわ・なおや）

1958年生まれ。1993年、早稲田大学大学院文学研究科フランス文学専攻博士課程満期退学。現在、早稲田大学講師。専攻はフランス文学・ロマンス諸語文学。訳書にトロワイヤ『バルザック伝』（白水社、1999）、エニグ『事典　果物と野菜の文化誌』（共訳、大修館書店、1999）、ドス編『ブローデル帝国』（共訳、藤原書店、2000）、フィエロ『パリ歴史事典』（共訳、白水社、2000）、エニグ『剽窃の弁明』（現代思潮新社、2002）など。

入門・ブローデル

2003年3月30日　初版第1刷発行©

監修者　浜　名　優　美
訳　者　尾　河　直　哉
発行者　藤　原　良　雄
発行所　株式会社　藤原書店

〒162-0041　東京都新宿区早稲田鶴巻町523
TEL　03（5272）0301
FAX　03（5272）0450
振替　00160-4-17013

印刷・製本　図書印刷

Printed in Japan
ISBN4-89434-328-2